高校野球

埼玉を戦う監督《おとこ》たち

中里浩章

KANZEN

まえがき

埼玉県春日部市で育った私は、小学3年のときに初めて埼玉の高校野球と出会った。テレビの中では、夏の甲子園初出場の春日部共栄が佐賀学園と延長10回の接戦を演じていた。結果は2対3で敗れてしまうのだが、地元のチームが全国の舞台で戦う姿に心を躍らせ、小学5年のときには同校の甲子園準優勝に一喜一憂していたのを覚えている。

中学校の軟式野球部では、当時の監督が春日部共栄・本多利治監督と懇意にしていたこともあり、グラウンドにもよく連れて行ってもらった。また、チームでよく県営大宮公園野球場に出向いては試合も観戦していた。そこで1995年春の鷲宮、1996年春夏の浦和学院、1997年春夏の春日部共栄と各世代の甲子園メンバーを目の当たりにし、「こういう勝負強い選手になりたい」と憧れを抱く。高校へ入ると、中学時代の先輩が花咲徳栄のエースとなって春の関東大会優勝を果たし、同期の一人は浦和学院へ行って3年夏に甲子園へ。一方で自らの3年夏はというと、同姓の中里篤史投手（元・中日ほか）擁する春日部共栄に0対12の大敗。悔しさを通り越して無力さを痛感し、大学でも野球を続けて少しでも成長しようと決意した。

高校時代、よく練習試合で戦ったチームのひとつが松山高校だ。2年春、県2回戦で松山高校を破ってチーム史上初めて夏のシード権を獲得したことも印象深く、人手不足ゆえに監督から打診されてずっと内外野を守っていた私が初めてマウンドに立ったのも、松山高校との練習試合だった。また当時の同期には上尾から通っている選手がいた。彼は電車がＪＲ高崎線の北上尾駅に着くたび、目の前にある上尾高校を見ながら「俺、本当は上尾高校に行きたかったんだよね」と漏らしていた。大学の野球部ではレベルの高さに圧倒されたが、その中でもずば抜けた存在感を見せていたのが聖望学園から来た1学年上の先輩・鳥谷敬選手（現・阪神）。高校時代から県内では有名だったが、グラウンドレベルになるとやはり次元が違った。

……と、エピソードを羅列してきたが、つまり何が言いたいのかというと、私の人生はいつも埼玉の高校野球から影響を与えられてきたということ。そして、今回取り上げさせていただいた監督やチームには、それぞれ非常に強い思い入れがある。

現在は取材をする立場になり、さまざまな物事を冷静な目でとらえられるようになった。野球においても然りで、高校野球の勝敗もわりとシビアに考えてしまうこともある。が、それでもやはり埼玉の高校野球への愛着は強いのだ。関東地方の1都6県（山梨は除く）で埼玉だけ夏の全国優勝がないと揶揄《やゆ》されることもあるが、情熱溢れる指導者がたくさんいるのだということを、ぜひとも多くの方々に知ってもらいたい。

末筆ながら、この書籍を製作するにあたってご協力いただいたすべての方々に、心より感謝御礼申し上げます。

中里浩章

高校野球　埼玉を戦う監督《おとこ》たち　目次

カバー写真　埼玉新聞社

写真　日刊スポーツ出版社（第1章～第4章）

栗山尚久（第5章）

古賀庸介（第6章）

第1章

計算された「チーム作り」で埼玉の覇者にジンクスも打ち破った甲子園優勝監督

２０１３年春、埼玉県勢として45年ぶりの甲子園優勝を果たした浦和学院・森士監督。時には称賛され、時には批判も浴びながら、埼玉高校野球界を戦い続け、決してぶれることのない指導方針を貫き続けた。その思いはただひとつ。夏の甲子園、深紅の大優勝旗のみ。

浦和学院 森士 監督

PROFILE

もり・おさむ。１９６４年6月23日生まれ、埼玉県浦和市（現・さいたま市）出身。上尾高校では１９８２年春の甲子園を経験。東洋大を卒業後、浦和学院のコーチに。１９９１年、27歳の若さで同校監督に就任。チームを埼玉県屈指の強豪へと育て上げる。甲子園には春10回、夏10回、計20回出場。２０１３年春には甲子園優勝を飾っているほか、石井義人、大竹寛など、多くのプロ野球選手を輩出。２０１７年には早稲田大学大学院スポーツ科学研究科修士課程で修士取得。

それは、埼玉県勢にとって限りなく大きな一歩だった。

２０１３年春。甲子園に出場した浦和学院はトーナメントをスルスルと勝ち上がった。初戦で２年生エース左腕・小島和哉が土佐を６安打で完封すると、続く山形中央との３回戦は打線が14安打11得点と爆発して大勝。準々決勝でも北照を10対０と圧倒し、準決勝では主砲・高田涼太の３試合連続となるホームランなどで敦賀気比のエース・岸本淳希（現・中日）を打ち砕いた。そして、済美との決勝は２年生の怪物右腕・安樂智大（現・東北楽天）を中盤に攻略し、先発全員得点で17対1。全５試合でわずか３失点という堅守も光り、まったく危なげない戦いぶりで日本一に輝いた。

高校球界には、それまで何年も囁かれてきたジンクスがあった。

――埼玉県勢は全国で勝てない。

埼玉県代表のチームは関東地方の１都６県で唯一、夏の甲子園優勝を経験したことがなく、最高成績は１９５１年の熊谷、１９９３年の春日部共栄による準優勝。春の全国制覇は１９６８年に大宮工業が果たしているが、それ以降はやはり２度の準優勝が最高だった。そして、特にやり玉に挙げられてきたのが浦和学院だ。

紛れもなく、埼玉の高校野球を牽引する存在である。学校創立は１９７８年と歴史はわりと浅いが、甲子園出場はベスト４入りした１９８６年夏を皮切りに県内最多の春10回、夏12回。

略称である「ウラガク」の知名度はもはや全国区だ。また秋と春に行われる関東大会も通算で10度制しており、年に3つある県大会に至っては2016年終了時で優勝40回を数える。

だが2005年春から2011年春までは、甲子園での初戦敗退が5度続いていた。数々のプロ選手を輩出し、高校時代に主力ではなかった選手が卒業後に大学や社会人で活躍するケースも多い。

「トップレベルの選手をあれだけ多く集めているのに、どうして勝てないいんだ」

あちこちからそんな声が聞かれ、いつしか「浦和学院は甲子園で勝てない」とまで言われるようになった。

明らかに苦しんでいた。少なくとも、傍目にはそう見えた。なぜ、殻を破ることができたのか。そんな質問をぶつけると、チームを率いる森士は苦笑いを浮かべた。

「その頃から野球が楽しくなってきたんですよね。監督として野球をしている空間を、僕がようやく楽しめるようになってきた。今まで思い通りに勝てなかったのは、僕が未熟だったから。結局ね、チームが負けるときって監督が悪いんですよ」

監督生活は今年で26年目。コーチ時代も含めれば、浦和学院に来てもう30年以上になる。就任当時、周囲の浦和学院に対する評価は「上位までは行くけどなかなか勝ち切れないチーム」。決して総合力が高かったわけではなかったし、指導者として大きく悩んだ時期もあった。

ひとつ、大きなターニングポイントがある。

2006年4月、長男の大（現・浦和学院高コーチ）が浦和学院の野球部へ入部した。さらに大が卒業した2009年春には、入れ替わるようにして次男の光司（現・鷺宮製作所）が入部。つまり丸6年間、いわゆる〝親子鷹〟の状態が続いた。

自分の子どもを指導するケースというのは、さまざまな配慮をしなければならない。どうしても想い入れが強くなるだろうし、周囲から依《え》怙《こ》贔《ひい》屓《き》だとみなされてチーム内の信頼関係が崩壊することも考えられる。だから森は2人が進路を決める際、心を鬼にしてこう話した。

「たとえばお前とポジションを争うA君がいたとして、同じレベルだったら俺はA君を使うぞ。それに、自分の子どもには特に厳しくするものだし、全体を見渡した中でお前を見せしめのように叱ることだってある。そういう面では、お前のことを潰してしまうかもしれない。それでもいいんだったら、入ってもいいよ」

浦和学院をひと言で表すとしたら、「品格を追い求めるチーム」ではないかと思っている。

グラウンドを訪れると、早朝からキビキビと行動する選手たちの姿が見られる。道具の準備をする者、ベンチ内の掃除をする者、グラウンドをていねいに整備する者……。時折聞こえる挨拶や返事の声も歯切れよく、礼儀正しさもうかがえる。練習が始まれば一糸乱れぬ集団走に、1本ずつ全力を注ぎ込むダッシュ。さらにボール回し、シートノック、打撃練習や走塁練習、筋力トレーニング……。どれも手を抜かずに目いっぱいやるものだから、見ているこちらが思わず緊張感を抱いてしまう。そして少しでもスキが見えれば、容赦なく指揮官のゲキが飛ぶ。

「おぉい！　元気にやっているフリをするな。人数の多さに隠れてサボるなよ！」

ともすれば、息苦しさを感じてしまってもおかしくない。父親が指揮官という特殊な環境なら、なおさらだ。が、浦和学院への進学を決めた2人には強い覚悟があった。

大は学校の成績も優秀で、もともと大学進学を見据えていた。一方で幼少の頃からたびたびグラウンドにも顔を出しており、浦和学院のユニフォームを着る選手たちは憧れのお兄さんのような存在。そのチームで甲子園に出て、さらに目標の大学へ進学するというのが大きなモチベーションだった。光司もまた浦和学院への進学を強く希望したが、実は森が進退に揺れていた時期と重なっている。そこで「もし俺が浦学からいなくなったらどうする？」と聞くと、「それなら浦学には行かない。でも親父のチームに行くかと言ったら、そういうわけじゃない。今の埼玉県内を見て、親父が監督をやっている浦和学院というチームが甲子園に一番近いと思うから行きたいんだ」と。2人はそんな意志を貫き、3年間をきっちりとやり遂げた。大は控え投手、光司は正捕手として甲子園にも出場した。

そんな成長ぶりを頼もしく見つめながら、森はハッと気付かされた。それ以前は誰に対してもとにかく厳しく接していこうと考えていた。2人にも「高校生のうちは親でもなければ子でもない」と言ってきた。だが、自分の指導の根本にあるのは子どもへの愛情なのではないか、と。

指導現場ではよく、自分の子どもと同じように接することが大事だと言われている。もちろん現実として、それを完璧にこなすのが難しいことは分かっている。本当に血が繋がっているわけではないし、24時間ともに生活しているわけでもないから、どうしても心の深い部分までは入り込めない。それでも――やはり監督として預かった以上は、すべての選手を実の子どものように扱っていかなければならないんじゃないか。

近年、浦和学院の試合を見ていると、選手たちにあまり悲壮感が漂っていないことに気付く。

「正直、監督になって20年くらいは、勝つのが義務感でしかなかったんです。特に息子は２人とも一番ボールを扱うポジションだったし、やっぱりプレッシャーとか責任感も測り知れないものがあって、本当に不安だった。だから甲子園出場を決めたときは、それだけでホッとしていました。その感覚から少しずつ解き放たれてきて、やっと慌てなくなったっていうのが大きいんじゃないかな。以前は勝たなければいけないっていう想いから、取り越し苦労で細かいことまで気にしすぎていた部分もたくさんありました。そんな僕の想いが伝わって、選手も硬くなってしまっていたんだと思います。今は周りの意見も『気にしない』って簡単に言えるくらいの心境になれているし、これだけの成績を残せば文句ないだろうって自信を持って言える部分も出てきた。実際、次男が卒業した２０１２年春からは4季連続で甲子園に出ていて、日本一にもなれましたからね。それが秘訣と言えば秘訣なのかなぁと思います」

父から得た、「指導者の心得」

森の指導には、大きな影響を与えた人間が3人いる。

一人は実の父親だ。国家公務員として官庁に勤めながら、週末には森が所属した少年野球チームの練習をよく手伝いに来てくれた。当時、地元の埼玉県浦和市（現・さいたま市）には野球チームが少なく、森のチームも近所の原っぱで遊ぶ程度の三角ベースから派生している。そんな現状を見た父親は監督を引き受け、のちに軟式少年野球連盟の立ち上げに携わって役員も務めた。

真面目で厳格。森とは年齢が40ほど離れており、威厳はより強く感じた。また若い頃から剣道に励んでおり、規律や号令なども重んじていた。少年野球も例外ではなく「父親に教わった『礼に始まり、礼に終わる』という野球道みたいなものは受け継いでいます」と森は言う。

指導者としての基礎を築くことができたのも、父親のおかげだ。

東洋大で野球を終えた森は、浦和学院のコーチとなった。このとき、父親から「朝練だけでいいから少年野球の指導をしてくれないか」と頼まれた。少年野球の指導者は仕事をしながらボランティアでやるのが通例だから、時間の融通が利かない。まして父親は癌に侵されており、とてもグラウンドに立てる状況ではなかった。

それならば、恩返しのつもりで引き受けようじゃないか。森はそこから2日に1回のペースで少年野球の指導を始める。練習は朝6時から7時まで。午後はコーチとして高校生を指導し、教員として採用された2年目は朝練が終わったら急いで学校へ出勤と、怒涛の日々を駆け抜けた。24歳のときに父親が亡くなってしまったため、少年野球の指導は結局2年間だった。だが、このときの経験が森の指導のベースとなっている。

「父親にはね、小学生と高校生では年齢が違うけど、監督になったときには必ず役に立つだろうからって言われました。いま振り返ってみてもその通りで、相手が小学生でも高校生でも、基本的に子どもを育てるということには変わりはないんですよね。大学を出てすぐに多くの教育現場に触れ合えたことで、周りの父兄たちと話しながら親心も理解することができて、本当に良かったと思います」

森は「僕にとって父親は生涯の恩師です」と言い切る。

中学3年時、軟式野球部でエースとなった。県大会で3位に勝ち上がり、また軟式のクラブチームが集まる大会にも推薦出場すると全国ベスト4。そんな実績を評価されて強豪私学からもオファーを受けたが、県立の上尾高校へと進学する。

当初、両親は別の高校を勧めていた。そこは大学の附属校であり、大学受験をする必要がない。

森は中学時代からすでに「将来は教員になりたい」と考えていたから、教員免許の取得も考えればなおさら都合が良いだろう。だが、上尾高への想いは強かった。小学4年時、球場で上尾高の試合を観て、初めて高校野球を意識した。そこから2年連続で夏の甲子園に出場し、原辰徳（元・巨人）を筆頭にスター軍団だった東海大相模を破ってベスト4。その快進撃をテレビで見て、「埼玉の野球ってすごいんだなぁ」と憧れを抱いた。練習も見学に行き、雰囲気も気に入っていた。それでも母親には「そのまま大学へ行けるほうがいい」と言われたのだが、最後は父親が「本人がそこまで行きたいと言うなら行かせてやれ」と決着をつけてくれた。

そして、森は懐かしそうにこんなエピソードも語る。

「僕は指導者になりたいと思いながら、大学時代は『卒業したらまず就職しよう』と考えていました。と言うのも、最初から教員になったら、野球界とか学校の中だけの小さな社会しか分からない人間になってしまうと思ったんですよね。実際、教員は学校から一般社会へ生徒を送り出していく立場ですから、一般社会のこともしっかりと知らなければならない。特になりたかったのは証券マン。世の中のお金の流れや会社経営の技術、社会観なども学んでみたいなと。ただ、大学2年時に高校時代の恩師が浦和学院の監督になって、『大学野球が終わったらコーチとしてウチに来ないか』と話をいただいた。そこで父親に相談したら、『仮にお前が卒業後に証券マンになったとして、そこから教員になれるかどうかは分からないだろう。いま恩師が声を掛けてくれているということは、それだけ教員になれるチャンスがあるってことじゃないのか』と言われたんです。それに、『教員になってもいろいろな人と出会うだろうし、そこで学ぼうという気持ちさえあれば、社会性は身につけられる。証券マンになってから教員になれたとしても生徒全員を証券会社へ送り出すわけじゃないし、いろいろな道へ働きに出ていくための基礎を育てていくのが教師なんだから、自分の中で引き出しを多く作り出せばいいんじゃないか』と。そう言われて、すごく納得できたんです」

目の前にあるチャンスは絶対に逃すな。父親から得たそんな教訓もまた、心に深く刻み込まれている。

森を語る上で絶対に欠かせない人物。それが、高校時代の恩師・野本喜一郎である。西日本パイレーツ、西鉄ライオンズ、近鉄パールスと渡り歩いて4年間、アンダースローの投手として活躍した元プロ野球選手。現役引退後は東洋大や上尾高、浦和学院の監督としてアマチュア球界で名を馳せた。

埼玉の高校球界においては、時代の流れを変えた先駆者でもある。1958年に上尾高の監督に就任し、1963年に甲子園初出場へと導く。また東洋大の監督を経て復帰した1971

年以降は、13年間で甲子園に5度出場。森が憧れた夏の2年連続出場時も野本がチームを率いており、ここで上尾高の人気は不動のものとなった。そして1984年に浦和学院へ移ると、1986年春には主将・黒須隆（のちのアトランタ五輪銀メダリスト）や2年生のスラッガー・鈴木健（元・西武ほか）、エース・谷口英規（現・上武大監督）らを擁して県大会初優勝。続く夏にチームは甲子園初出場を果たし、そのままベスト4進出。「強豪・浦学」の土台を築いた。

ただしこの夏、野本はベンチに入っていない。県大会を前に体調不良で入院し、監督を辞任していたからだ。さらに甲子園の開幕日だった8月8日、野本は膵臓出血により64歳で息を引き取ってしまう。このとき、森は大学4年生。秋からは浦和学院で指導することを決めており、「恩師の下でしっかりと学んでいこう」と覚悟を強くした矢先だった。

突然、海に放り投げられた心境だった。まだ経験も何もないのに、お手本とするべき人間がいなくなってしまったのだ。またコーチとなった2年目の年度末には、今度は父親の訃報。困ったときに相談する相手もいなくなり、指導の具体的なイメージも湧かずに八方塞がりだった。

だが、「頼れる人がいなくなったからこそ、自分が強くなれた部分もある」と森は言う。コーチ時代は「野本野球とは何だろうか」と自問自答しながら、後任の監督となった和田昭二に必死に食らいついていった。しばらくして監督になると、森は野本の妻にこう言われた。

「野本野球は何かって言うと、あなたが思い描いたことをやることがもう野本野球なんだよ。

今までいろいろな人の野球観で教わってきたと思うんだけど、あなたがそこで思ったことをやろうとすることが自然と野本野球になるんだから、自信を持ってやりなさい」

そうか、無理に真似をしようとする必要はないんだな。そう思えた途端、一気に肩の荷が下りた。大きな影響を与えた野本の指導観とは、いったいどんなものだったのか。森が現役時代に感じた野本の印象は、「多くを語らない人」だ。

練習が終わると全部員が野本の前で整列するのだが、いつも「はいっ、お疲れさん」と言ってすぐに終わる。声を聞いたのがそのひと言だけ、という日が1週間続いたこともあるほどで、何かを手取り足取り教えるようなことはいっさいなかった。ただ、そこには野本なりの考えがある。練習後というのはみな「早く帰りたい」という気持ちが生まれるもの。そこで一生懸命に話をしたところで、言葉はなかなか頭に入らない。聞こうとしていないヤツにいくら言ってもダメ。相手の気を引きつけなければ意味がないのだと。

トレードマークだった黒いサングラスの奥ではどこを見ているのか分からず、どんなものも見透かされているように感じたという。たとえば試合中、ある選手が凡打をすると、野本はその選手がベンチに帰ってくる前に「今のはここが良くないからダメだったんだ」とボソッとつぶやく。近くにいる選手にはそれが聞こえており、当の本人はその様子が見えているから気になって仕方ない。野本の目の前を通っても何も言われないので、とうとう周りの選手に「監督、何て言ってた?」と聞くようになる。選手を的確に見極める洞察力と、伝え方の感性。森は「選手にすべて任せて放っておくんだけど実はちゃんと見極めていて、やるヤツは引き上げ、やらないヤツなら置いていかれる。そういう厳しさがありました」と振り返る。

そして、何よりも存在感が圧倒的だった。試合ではどんなに苦しいピンチを迎えても、ベンチにドカッと座ったまま微動だにしない。選手からすれば、しっかりそばにいて見守ってくれているんだ。黙ってこの人についていくだけでいい。そんな安心感を抱かせた。

実は、森はケガに泣かされ、一度もベンチ入りすることなく高校3年間を終えている。1年夏に腰を痛めてしまい、ようやく全力で投げられるようになってきた2年時には、古傷の右ヒジを痛めて夏の前に手術した。復帰したのは冬場。もともとサイド気味に投げていたのを少しずつアンダーハンドに変えていったが、満足に練習を積むことはできず、バランスも崩していった。チームは3年春にセンバツ出場を果たすが、森の心には悔しさが強く残った。

なぜ、野本は森にコーチ業を打診したのだろうか。野本の教え子には錚々たるメンバーが並ぶ。プロでは前出の鈴木や上尾高時代の山崎裕之(元・西武ほか)、会田照夫(元・ヤクルト)、仁村徹(元・中日ほか)など。さらに谷口や福田治男(現・桐生第一高監督)といったアマチュア球界の名将も輩出している。だが晩年、野本は周囲に「何十年と教え子がいる中で、森ほど練習していたヤツはいない」と漏らしていた。だから、指導者の気質が人一倍あるのだと。

森が指導者を目指したのも、高校時代の経験が大きい。甲子園練習の手伝い要員としてバックスクリーンを見たとき、思わず武者震いした。

「あぁ、聖地ってここなんだな。この舞台で野球をやりたいなぁ」

また、野本も「高校野球っていうのは人を育てるために時間の束縛が長いんだけど、一度やっちゃうともう他のところの指導はなかなかできないよ」と言っていた。これだけ経験を積んできた人がそこまで言うのだから、高校野球って相当な魅力があるんだな。そう感じ、明確に「高校野球を指導したい」と思い描くようになったのだ。

実際に指導者となった今、森はしみじみと言う。

「高校3年間で印象的だったのは、やっぱり野本さんの我慢強さ。喋りたいところでもグッとこらえて、選手たちに考えさせるんだと。そして指導の原点は、選手と1分でも1秒でも長く一緒にいてあげること。その想いを本当に強く感じたし、僕も大事にしたいと思っています」

高橋昭雄監督との出会い

1983年春、高校を卒業した森は東洋大学野球部へ進んだ。

上尾高がわりと大らかな雰囲気で練習するのに対し、東洋大の練習はハードな練習をガムシャラにやり込むスタイルだった。練習着を見れば、みな毎日泥だらけ。「自分は続かないだろうな」

というのが、初めて練習を見学したときの森の感想だ。

それ以上に厳しかったのが、寮生活のルール。寮は1部屋に各学年1人ずつが割り当てられており、当時の大学球界にありがちな「4年生は神様、3年生が……」といった上下関係もあった。ただ、苦しみながらも4年間を耐え抜き、腰や肩などのケガは相変わらず続いたものの、投手として全うすることはできた。結局ベンチ入りは果たせなかったが、オープン戦では登板のチャンスをもらえたし、4年春にはチーム史上初の日本一も経験。強い組織とはどういうものなのかも学んだ。

野球を見る目が養われたのもこの時期だ。森は下級生のとき、データ班として東都一部リーグの全試合を偵察するため、神宮球場へ通った。しかも、本来は4~5人で仕事を分担するはずなのだが、森は一人でビデオを撮影しながら、スコアブックやバッテリーの乱数表などをつけた。それを2年間やり続けたものだから、先の展開を予測する能力と、そのスピードが著しく上がったという。

そんな大学時代において、最も大きかったこと。それは、監督である高橋昭雄と出会えたことだろう。

1972年から現在まで東洋大を率いて、東都一部リーグの通算最多勝利にリーグ優勝16回、そのうち日本一が6度。数々の実績を積み上げてきた名将だ。高橋もまた現役時代には東洋大で野本の指導を受けており、森は父親や野本と同様に恩師として慕っている。

卒業後の進路まで高橋に相談したわけではないが、指導者志望であることは伝えていた。高橋は「よく指導者なんかやる気になるなぁ。大変だぞ」と言いながら、合間を見てよく話しかけてくれた。また4年春のシーズン後には、附属校である東洋大姫路へ打撃投手として派遣してくれた。そのチームが夏、エースの長谷川滋利（現・オリックスシニアアドバイザー）を中心に甲子園出場。森はふたたび要請を受けて帯同し、ベスト8進出を見届ける。当時の監督は1977年に全国制覇も果たしている梅谷馨。期間はわずかだがその指導に触れ、上位まで勝ち上がるチームの雰囲気を感じられたことも勉強になった。

高橋との何気ない会話の中には、多くの金言もあったという。

浦和学院の監督となった1991年8月、森は高橋のもとへ挨拶に訪れている。

「お前が監督かぁ、大変だなぁ。まぁでも、次の監督までのつなぎでやらされるのかもしれないけど、つなぎならつなぎでいいじゃねぇか。自分の中での本番だと思って、そうなれるように頑張れよ」

そう言われたのち、「ところで埼玉の事情はどうなんだ?」と問われ、森はかいつまんで説明した。その年はちょうど春日部共栄を率いる本多利治が、監督10年目にして秋春夏の県大会ですべて優勝という偉業を成し遂げていた。また春夏連続で甲子園出場も果たし、自身も高知高時代に甲子園優勝を果たしている。だからおそらく、ここから時代を作り始めていく感じではないか、と。

するとと高橋は突然、怒り始めた。

「何を言っているんだ。埼玉には埼玉の野球があるだろう。ビシッとやれよ！　やる前からそんなにビビっているんだったら、絶対に勝てないから辞めちゃえよ」

厳しいエールを受け、森は目が覚めた。勝負に臨む姿勢として、どんな相手だろうと絶対に負けたくないという想いは出すべきじゃないのか。

その秋、新チームはいきなり県優勝を果たす。しかも、決勝で破った相手は、それまで県内27連勝中だった春日部共栄。森は「高橋監督の言葉がなかったら、どこかで引け目を感じながら試合をしていたかもしれません」と言う。

さらに、こんなこともあった。

浦和学院はその後の関東大会でもベスト4に進出し、翌1992年春にセンバツ出場を果たす。言うまでもなく森にとっての甲子園初采配だが、ここでも実力校を連破してベスト4入り。その報告をしに行くと、今度は高橋にこう言われた。

「お前がベスト4だもんなぁ。世の中、分からねぇな。まぁでも良かったじゃねぇか。ただな、出る杭は打たれるっていうから打たれるぞ。でも、打たれても頑張ろうよ。ちょっと出る杭くらいだったら簡単に打たれるけど、出すぎたら打たれねぇ。周りが打ちたくても打てなくなるから、出すぎればいいんだよ」

コンスタントに甲子園に出場するようになると、高橋は「出すぎたら打たれないって言ったけど、そうなってから一番大事なのは常に周りに感謝して、おかげさまという気持ちでいることだ。頭を下げられてイヤな想いをする人はいないんだから、常に謙虚でいなければダメ。そうしないと、今度は杭を抜かれるぞ」。センバツ優勝を果たしたときは、「お前もやっと優勝できたか。1回優勝するとやり方を覚えるから、これから何回か勝てるんじゃねぇか。何事も初めてっていうのが大変なんだから」。常にこちらの一枚上手を取ってくる恩師の存在は、間違いなく心の支えとなっている。

大学4年秋のシーズンが終わると、森は11月から浦和学院のグラウンドへ通い、また東洋大でも練習を手伝った。卒業後の1987年には教育実習をしながら、履修済みの商業科だけでなく社会科の免許も取ろうと通信教育を受講。そして1988年4月、晴れて教員として採用される。

当時の指導について、森は「若気の至りでいろいろと突っ走っていました」と苦笑する。自分の中で試してみたいこともあったし、こっちのほうが正しいんじゃないかという考えも生まれてきた。ただ実は大学時代、教員志望者の研修会でこんな話を聞いたことがあった。

「指導者にもいろいろな意見がある。でも同じ組織の中で生きている場合、意見の食い違いがあったときに自分の意見を生徒に言ってはいけない。司令塔はあくまでも一つだ」

つまり、まずは大人同士で意見をハッキリとぶつけ合って議論する。その中で物事が決まったら、あとは自分の感情として「ちょっと違うな」と思っていても、その方針に従っていくのが組織なんだと。

だから､森は自分なりの考えを決して選手たちに披露することはなかった｡その代わり、スタッフ間ではとことん意見をぶつけた。当然、衝突も生まれる。だが後悔はしたくないし、そこで遠慮するのはチームのためにならない。何よりも、指導者が選手たちの想いを代弁してやらなくてどうするんだ。そんな想いが森の背中を押していた。

コーチ業を行った約5年間は、葛藤の毎日だった。ただ、この時期に「自分ならこうする」という考えをいくつも積み上げることができた。また1年目の夏には、3年生となった鈴木や谷口を中心に甲子園出場。さらに1991年夏の清水隆行（元・巨人ほか）や鷹野史寿（元・近鉄ほか）らも含めて、トップレベルの能力も肌で感じた。

監督になってから、分かったことがある。

「コーチと監督では、背負っているものが違うんですよね。ある人に話を聞いてすごく納得できたんですけど、たとえば会社でも給料の格差があったとして、年収の違いは何かと言ったら、その人が実際に働いている量とは比例しない。会社の規模が大きければ大きいほど、より多くの社員やその家族の生活がかかっていて、だから全責任を背負わなければならない。その重さが給料に反映されているんだと。これって野球のチームも同じで、監督の舵取りひとつでみんなが生きるか死ぬかが決まってきます。コーチにはそこまでの責任がないから、価値観が違うのは当たり前なんですよ。だけどチームのためにも、監督の想いを理解しなければいけないんだなと思いました」

森はいま、自らがグラウンドに出てガンガン引っ張っていくときと、すべてをコーチに任せて遠目から見守るときを使い分けている。チームが置かれた状況を見極め、いかに緩急をつけてまとめていくか。監督の仕事は組織を勝たせること、業績を上げること、成長させること。そしてコーチの仕事は、監督の想いを選手に伝え、選手の想いを監督に伝えること。それぞれの役割について、森はそう表現する。

28歳で監督に就任した森は先述の通り、翌春のセンバツでベスト4入りを果たす。夏の敗戦直後にいきなり要請を受けたものだから、心の準備もまるでなく、感覚としては次期監督が決まるまでのつなぎ。だが、1年でもいいから野球界に恩返ししようと思っていたし、「やるだけやってダメなら仕方ない」という開き直りもあった。それにもし自分が話を断ったら、今まで一緒にやってきた選手たちは迷ってしまう。まして、森は1年生部員が集まるクラス担任でもある。今いる子どもたちを卒業まで指導することが、指導者として最低限の役目じゃないのだろうか。

どうしてポンポンと勝てたのか、明確な理由は森にも分からない。ただ、旧チームは清水や鷹野ら好素材を揃えながら夏に上位進出を逃しており、いい選手を集めれば勝てるわけではない、ということも身に沁みていた。もちろん理想のチーム像はあるが、同じ型にハメたところでうまくいかない。だからとにかく個々を磨き、その素材に合わせてチーム作りをしていこうと考えた。

たとえば当時のエース左腕・染谷慶太はもともとコントロールが悪く、四死球を連発して5イニングスで100球を超えることもざらにあった。ところが、縦に割れるカーブのキレだけは一級品。じゃあそれを生かせるようになるまで、染谷を我慢して使い続けよう。そして野手は主将の鈴木善一（現・大宮東高コーチ）を中心に、とにかく束になって点数をもぎ取る意識を徹底すればいい、と。全部が良い選手なんていないんだから、それぞれの良いところ取りでつなぎ合わせていく。そんな感覚だ。

チームを作っていく上では当然、浮き沈みもある。2年目の秋には地区予選敗退。選手のやり繰りだけでなく、根底から育てていかなければダメなんだと実感した。

ここからの猛練習は、森が作り上げてきた浦和学院のイメージとも重なる。森は、結果を残すためには「時間×内容」が大事だと考えている。フルスイングしても打球が外野へ飛ばない選手たちに対してスイングの原理を教えたら、あとはひたすら振り込み。また守備も基礎練習を徹底し、過酷なトレーニングで体も鍛えていく。今となっては「原始的な根性論だろう」と批判する声もある。ただ、少なくとも本物の自信をつけさせるためには、どこかで選手たちを追い込まなければならない。

当時の主将だった斎藤信世について、森は「気概は歴代ナンバーワン」と評価する。

厳しさを前面に押し出す若手の熱血監督に対し、斎藤は「先生、まだ甘いですよ。他の学校はもっと厳しいって聞いているし、チームが締まっていなかったら自分を見せしめにしてください」と言ってきた。自分のことにとらわれず、心から全体の成長を願う純粋さ。そんなリーダーのもとで活性化したチームは、冬を越えると快進撃を見せた。春は県ベスト4。センバツ準優勝から帰ってきた大宮東に3対9で敗れるも、中盤までは互角の勝負を演じた。また夏は準決勝で大宮東に6対4と雪辱を果たし、決勝へ進出。最後は2対5で敗れて甲子園出場を逃すが、対戦相手の春日部共栄もまた、そのまま甲子園準優勝に輝いている。

「あの2チームを相手に一矢報いることができて、大きな自信になりました。やればできる。

このチームがここまでやれたんだから、どんなチームでもどん底から這い上がれるんだって。おそらく周りから見れば、僕のやり方は野本さんの時代の練習と同じようにはとても思えないでしょう。気付いたことは細かく言っていくタイプだし、やっぱりある程度は根詰めて教え込む時期も大切だと思っている。ただ、その時代の選手の気質に合わせた指導をしないといけない、という想いは変わりません。野本さんもあの時代だからそういう指導をしていたと思うし、選手にいかに地力をつけさせるかっていう部分は同じだと思うんですよね」

ここから、浦和学院は少しずつ地位を確立していった。ヤンチャな性格の選手も多かったが、森は積極的にグラウンドへ出て自らの手で鍛えていった。言ってみれば、「俺の背中についてこい」という兄貴分のようなスタイル。結果もともなうようになると、能力の高い選手たちも続々と入部を希望するようになる。

翌1994年夏には2年生だったエース・木塚敦志（現・DeNAコーチ）、四番・久保田智（元・ヤクルト）らを擁して甲子園出場を果たす。さらに「史上最強世代」との呼び声高い1996年には三浦貴（元・巨人ほか、現・浦和学院高コーチ）、石井義人（元・西武ほか）、小川将俊（現・中日コーチ）らで初めての甲子園春夏連続出場。そして1998年春にはセンバツベスト8、2000年夏には坂元弥太郎（元・ヤクルトほか）、大竹寛（現・巨人）と贅沢な投手陣で県を制し、甲子園1回戦では坂元が当時の記録だった1試合19奪三振に並んで話題を呼んだ。

高校野球における「組織作り」の重要性

2000年代に入ると、浦和学院は牙城を築いた。特に全国ベスト8入りした2002年春からは、春夏いずれかの甲子園に8年連続出場。なかでも3季連続出場を果たした須永英輝（元・日本ハムほか）の2003年世代、夏の2年連続出場を経験した赤坂和幸（現・中日）の2007年世代は層が厚く、全国でも優勝候補に挙げられた。

ただ――冒頭でも述べたように批判も多かった。そんな周囲の声を、森はどう思っていたのか。

「気にしてもキリがないので、日光猿軍団の心境でいました。見ざる、聞かざる、言わざる（笑）。気のせいだと思って、知らないフリをするのが一番なんですよ」

そうやって冗談っぽく笑えるようになったのは、大きな苦難を乗り越えたからでもある。

1990年代半ば、学校の経営陣の間で「次、負けたら森はクビ」という話が出た時期があった。実際は部長の高間薫（当時）が話を聞き、「余計なことは耳に入れないように」と配慮してくれたため、森がそれを知ったのはしばらく後のこと。それでも、いつクビになるか分からないという恐怖心はいつも抱えていたし、関係者が野球部の勝敗によって一喜一憂する様子も見てきたから、勝たなければいけないという責任感はやはり強かった。

そんな折、妻が体調不良になってしまう。2人の幼い息子を育てる一方、寮生活を規則正しくするために毎朝4時や5時に家を出るなど、監督業に奔走する夫のことも支えなければならない。森は子どもが生まれると間もなく監督になったため、家庭のことはほとんど妻に任せきり。そのしわ寄せが一気にきた。

森は精神的に追い込まれた。そして、自身も体調を崩す。ついには病院で胃潰瘍、十二指腸潰瘍などと診断され、「もう野球を続けていくのは無理だ。辞表を出そう」と決意した。

だが、このタイミングで学校の経営体制が一新される。新たな担当者に呼ばれた森は、まずこう言われた。

「野球におけるあなたの功績はよく分かっているのですが、実際の生活や指導をしている中で不安、不満、苦痛などはありますか」

そこで「すみませんが辞めさせてください」と伝えると、「野球のことはすべて任せるから何とか頑張ってください」と返ってきた。そう言われた瞬間、フッと心が軽くなった。そして、仕事と家庭をしっかりと切り離して考えるようになる。家にいるときは野球のことは考えず、ちゃんと家族に心を向けていこう。そもそも何事においても、そうやって相手を思いやることが大事ではないかと。心の中のモヤモヤも消え、腰を据えて指導に臨めるようになった。

常勝軍団となった浦和学院に対しては、「いい選手が集まっているから勝って当たり前」という声をよく聞く。たしかに、傍目から見ても能力の高い選手が何人も揃っており、強いチームを作れる可能性はおそらく埼玉で最も高い。ただ強いチームだから勝てるのかと言うと、それは必ずしもイコールではない。チームを勝ち続けさせることができる。それもまた、立派な才能の一つだろう。

森が持つ監督としての資質。それは、円滑に運営できる組織作りの上手さではないだろうか。大学時代に志望した証券マンになることはなかったが、森は父親の言葉通り、これまで多くのジャンルの人たちと接してきた。特に懇意にしているのは、大小さまざまな会社の経営者たち。参考になる話もたくさんあり、その中で自分なりの感性を磨いてきた。

たとえば、人材という言葉。普段は何気なく使っているが、森はこんな感覚でとらえている。

「集団の中にいる場合、人間は4種類の〝ジンザイ〟に分けられるんですよ。人＋財産で〝人財〟。これは、その組織にいなくては困る人です。人＋材料の〝人材〟は、組織の中で使いこなしてもらえる人。さらに、人＋存在で〝人在〟。周りに害を与えるわけではないんだけれども、そこに居合わせているだけの人ですね。そして、人＋犯罪で〝人罪〟。これは、組織を困らせてしまう人です」

働きアリの例が有名だが、組織には「2・6・2の法則」が当てはまるという。人間が一つの集団を作った場合、優秀なグループが2割、平凡なグループが6割、そうでないグループが2

割。大抵はそういう割合でバランスが取れていく。これを〝ジンザイ〟の話に置き換えると、「人財」が2割、「人材」と「人在」を合わせて6割、「人罪」が2割。ならば「人罪」をすべて辞めさせればいいのかと言うと、上からそれぞれ予備群が降りてきて、結局は同じバランスになる。

では、そんな組織をどう機能させるか。森が意識するのは、真ん中の6割のグループの育成だ。

野球ではたったひとつのプレーによって、試合をぶち壊してしまうことがよくある。それは偶然ではなく、何かしらの兆候があってから起こった必然だと思っている。だから、それを起こさせないようにチーム内でいくつかの決まりごとを作る。「アイツはああいうヤツだから仕方ない」という考えで済ませるのではなく、「しない、させない」を全員で徹底。こうして「人罪」が増えるリスクをできるだけ減らしていけば、組織全体が包み込まれて底上げされるのだという。

高校野球はよく、教育の一環だと言われる。教育現場においては、勝ち負けよりも大事なものがあるという考え方が一般的だろう。その中には「負けてもいいからまずは育てることが大切だ」と唱える指導者も少なくない。ただ、果たして本当にそうなのだろうか。

「たしかに僕も、教育は大事だと思います。でも、負けてもいいのかっていうとそれは違う。厳しい勝負の世界に身を置いているなら、全力で勝利に向かっていくことに価値があると思うし、だから教育の質が上がるんでしょう。じゃあ勝たせるための方法論は何か。スカウティングだとか、技術向上だとかいろいろありますが、僕はそれこそ選手を教育することじゃないかなって思います」

森は甲子園で負けるたびに、「もう二度と甲子園には行けないんじゃないか」という感覚に陥るという。県を何度制しても、その次にまた同じところまで到達できる保証はない。それだけ一つの負けを重んじているし、負ける恐怖を失ったら過去の栄光にばかり浸るようになって成長が止まってしまうんじゃないか、という想いがある。「だからある意味、僕は臆病なんです」と森は言う。負けるリスクをできるだけ回避するためにも、細かい部分に気を配り、常に先の行動を予測してしまう。職業病でもあり、森の性格でもある。

勝敗へのこだわりを求めるのは、選手たちも同じだ。新入生が入部すると、森はまずこんな話をする。

「俺は入学してくるときと卒業していくときは優しいんだよ。でも、やっているときは鬼だぜ。そこはしっかりと覚悟して来いよ」

高校野球は負けたら終わりの一発勝負。決して命を取られるわけではないが、負ければ目標としてきたステージに行くことはできなくなり、それが3年生の夏であれば高校野球生命も奪われてしまう。だからこそ、普段の練習から大きなプレッシャーを掛け、責任感を養っていかなければならないのだと。「選手たちは本当に鬼だと思っているでしょうね。でも、それでいいんです」と森は微笑む。

目標は全国制覇だが、目的はあくまでも人間力の向上。たとえば野球の世界ではチームの勝利を目指しているわけだから、活躍できない選手は必然的に「人在」や「人罪」になってしまう。ただ、それは野球の技術の巧拙などで測っているだけであって、他の世界に行けばまた違った物差しがあるのだ。

もちろん、全員が満足して卒業することなど、現実としては難しい。どうしても環境に合わない人間もいるだろうし、「別のチームに行っていればもっと伸びたはず」とか「浦和学院に行くと野球が嫌いになる」といった声もあるだろう。だが、勝負の世界を通じて培った体力や精神力、礼儀作法、物事の考え方などは決して無駄にはならない。選手たちには将来、どこへ行っても可愛がってもらえる子に育ってほしい。森はそう願っている。

「組織を束ねる」ことの難しさ

冒頭で触れた転機も経て、浦和学院には黄金時代を迎える予感があった。2012年にはドラフト候補にも挙げられた佐藤拓也、笹川晃平らが軸となり、春夏の甲子園でともに2勝。そして翌2013年は山根佑太や竹村春樹、高田や小島らで春の日本一をつかむと、夏も甲子園出場を果たした。当然、最大の目標は県勢初となる夏の全国制覇になる。

ところが、誤算が生じた。センバツ優勝投手の小島を中心に臨んだ新チームだが、秋は県ベスト16止まり。ひと冬を越えた2014年春には県優勝と立て直すが、夏は県3回戦で川口高校に1対4とまさかの敗戦を喫した。

実はこのとき、甲子園優勝監督となった森のもとには講演などの依頼が押し寄せていた。また、いつまでも自分がガンガン引っ張っていくのではなく、若いコーチの育成をしなければならないとも感じていた。そこで、思い切ってコーチ陣に冬場の練習を任せる。だが、皮肉にもここから歯車が狂い始めた。

「失敗しました。コーチたちに任せながらも僕が目を光らせておけば良かったんですけど、任せたんだから口出ししないようにしようと思ってしまったんですよね。だから、気付いたことも選手たちに直接言わず、誰かしらスタッフを通じて伝わるように仕向けた。でも、ちょっとしたニュアンスというか、価値観の微妙なズレが生まれてしまいました」

あらためて、チーム作りは生き物なのだと痛感した。もう一度、立て直さなければならない。そんな決意で、森はふたたびチームの先導役を買って出た。夏の敗戦後、コーチたちには「全部俺がやり直すから見ておけ」と言って、寮に住み込む。毎朝6時から夜中の12時まで選手たちとともに過ごし、生活面から鍛え直していった。

近くで見ていれば、綻びはより目につくものだ。あるときのミーティングではコーチから「準備ができました」と呼ばれて教室へ行ったのだが、パッと見ると黒板が汚い。粉受けに置かれているチョークもバラバラで、教壇は埃だらけ。すかさず、森は雷を落とす。

「ちょっと待て。これでミーティングをやれと言うのか。整いましたって言うけど、ただ人が揃っているだけじゃないか」

また、あるときにはこんなこともあった。

チーム内では毎日の日報をつけることを習慣にしている。1日のうちにやるべき仕事が一覧表になっており、終わればハンコを押していく。そして夜になれば、選手たちが今度は翌日の起床から就寝までにやるべきことをまた書いていく。守れなかった場合はペナルティーとして、朝のトイレ掃除をするのが決まりだ。

その日の朝も、トイレ掃除が行われていた。しかし、朝練が始まる6時半になっても、見回りをしているはずのコーチ陣から「確認しました」との報告が上がって来ない。森が訊ねると「一応確認はしましたが……」と、どこか煮え切らない様子。その後、森が見回りに行くと案の定、トイレ掃除が雑に終わっていた。

さらに体育館でトレーニングをするときになり、今度は選手たちが森のスリッパを用意するのを忘れた。しかも、気付いたのは引退後も練習に参加していた3年生。全員の前で「下級生が気を遣えなければダメだろう」と言ったが、「すみません」と謝るだけで、どうもその場を流そうとするような空気を感じた。しびれを切らした森は、スタッフと各部門のリーダーたちを集めて言った。

「やりました、確認もしましたって言っても、こんな状態じゃ俺の価値観とは違うぞ。見回りなんて5分程度だろう。横着するなよ。あのトイレ掃除は何なんだ？　なんでスリッパのことまで気が回らないんだ？　また全部、俺がやり直そうか？」

そんなに細かいことまで、と思うかもしれない。だが、チームのためにも、選手やスタッフのためにも、妥協を許すわけにはいかない。それは、組織を束ねる監督としてのプライドであり、これからの浦和学院に対する期待の表れでもある。

「選手やコーチがそれでいいと思っているなら、普段の学校での授業とか、僕がいないときの練習ではそういう感覚だということ。そこを流してしまうと、本人のためにも良くないと思うんですよ。子どもたちに価値観や意識を植え付けるのが指導者だと思うし、そこを見逃すのは指導者が悪い。だから僕は、分かるまで口うるさく言いますね。そうやって初めて、マズいことをしたんだな、その価値観じゃダメなんだなと認識してもらえる。そして、自分が悪かったということを認められるようになってようやく『仕方ないな、もう一度チャンスをやろう』って。自分でも、窮屈だとは思いますよ。でもその感覚が当たり前になっているし、その部分を人に頼れるようになるまでは、僕は変わらずにやっていくと思います。そして、そういう日々を積み重ねていく中で、代わりに口うるさく言ってくれる人物が出てきてくれれば、僕は何も言わずに全体を見渡すだけで良くなる。そうなったときは周りから丸くなったと言われるだろうし、組織としても中小企業から大企業になるように、大きくバージョンアップできるんじゃないかなぁと思うんです」

足元を見直して作ったチームは秋春と県大会、関東大会で優勝。センバツではベスト4まで勝ち上がった。また、その次の2016年世代も秋春の県大会で優勝し、現チームも秋に県優勝。実は森の就任以降、今のところすべての世代が県大会のいずれかで決勝の舞台を経験している。依然として、浦和学院が県内トップの座にいることは揺るがないだろう。

しかしながら、次の山道は相当に険しい。2015年夏は準決勝で白岡高校に1対4。2016年夏は市立川越との4回戦で0対1。2014年夏も含め、ここ3年続けて勢いのある公立校に行く手を阻まれている。また時代が移り変わり、高校生の気質が昔とは違うという難しさもある。

ただ――いつのときも変わらず、1年ずつ勝負を賭けてきたという自負がある。そしてチームの大きな浮き沈みと自身の悩みを経て、森の中には確実に見えてきたものがある。

「とにかく俺についてこいっていうスタイルでずっとやってきましたが、やはり選手たちに意見を求めて、考えさせながら歩ませることが大事なんじゃないかと。ただ従わせるだけだと結局はその場でよく見せているだけだから、僕がいないところで反動が起こる。今の子どもたちって、主張するのが上手くないというか、人前でシンプルな感情表現ができないと思うんです。昔は僕に食ってかかるような選手もいたけど、だからこそ力の入れ具合が分かっていたり、空気を感じ取る力があったとも思う。そういう部分が物足りなさとして表れているんじゃないかと思います。また、２０１６年からは早稲田大学大学院に通ってスポーツマネジメントなどを学んできたのですが、そこでいろいろな業種の方々と出会い、考え方が変わってきた部分もありますね。最近よく思うのは、僕の伝え方も変えていかなければダメだなって。実績を積み重ねていく中で指導の形が、知らず知らずのうちに『なんで俺に言われた通りにやらないんだ』って、どこか傲慢で偉そうな感じになっていたような気がするんですよ。僕にそんなつもりはなくても選手たちとの間に見えないカベがあって、それが厚すぎるから彼らはなかなか登って来ようとしない。だったら自分からカベを壊して、降りていくしかないのかなって。よく考えたらね、彼らは僕の言うことなんて理解できるわけないと思うんです。だって実際、僕が大学院

次なる目標は、「夏」の全国制覇

の授業を受けていても最初の頃は展開の速さについていけなくて、内容が分かっていなかったんですから（苦笑）。だから今は、考えさせる時間を与えようとか、失敗させて覚えさせようとか、そういう発想をするようになりました。ただ、それでも本当に伝えたいことはやっぱり変わりません。僕はね、今の時代の子どもたちに求めるものとして、正義感、思いやり、負けず嫌いの3つがポイントだと思う。自分を正当化しようとしてウソでごまかすんじゃなくて、間違ったときは素直に非を認め、いかに正義を貫けるか。自分本位のワガママを言うのではなく、いかに相手を思いやるか。そして、負けたくないという想いがあるから、そこに強い意志が生まれて長続きする。そういうものを育んでいって、埼玉を牽引するのに相応しい存在でありたい。浦学が勝つなら仕方ないよって周りから認めてもらえるようなチームを目指していますし、本当にそうなったときには夏にも勝てるんじゃないかなっていう気もするんですよね」

グラウンドに出れば、今日も森の声が響き渡る。

「声を出しているわりに元気のないチームだなぁ。もっと明るく行こうよ！　ノッカーはもっと選手を動かしていけよぉ！」

「いいぞ、1年生！　スピード感があるよ。2年生も負けるな！　みんなで雰囲気を作って活気よく行こうぜ！」

夏の日本一の称号と王者の品格を求めて。浦和学院と森の挑戦は続いている。

時代とともに、選手とともに変化する指導方針
「選手」ではなく「一人の人間」を育てる

春夏通算7度の甲子園出場、1度の準優勝を誇る強豪・春日部共栄。チームを率いる本多利治は、学校創設時の1980年からチームの指揮を執り続けて38年目を迎えている。理想でもある「自主性」を生徒に体現させる、その手腕を紐解く——。

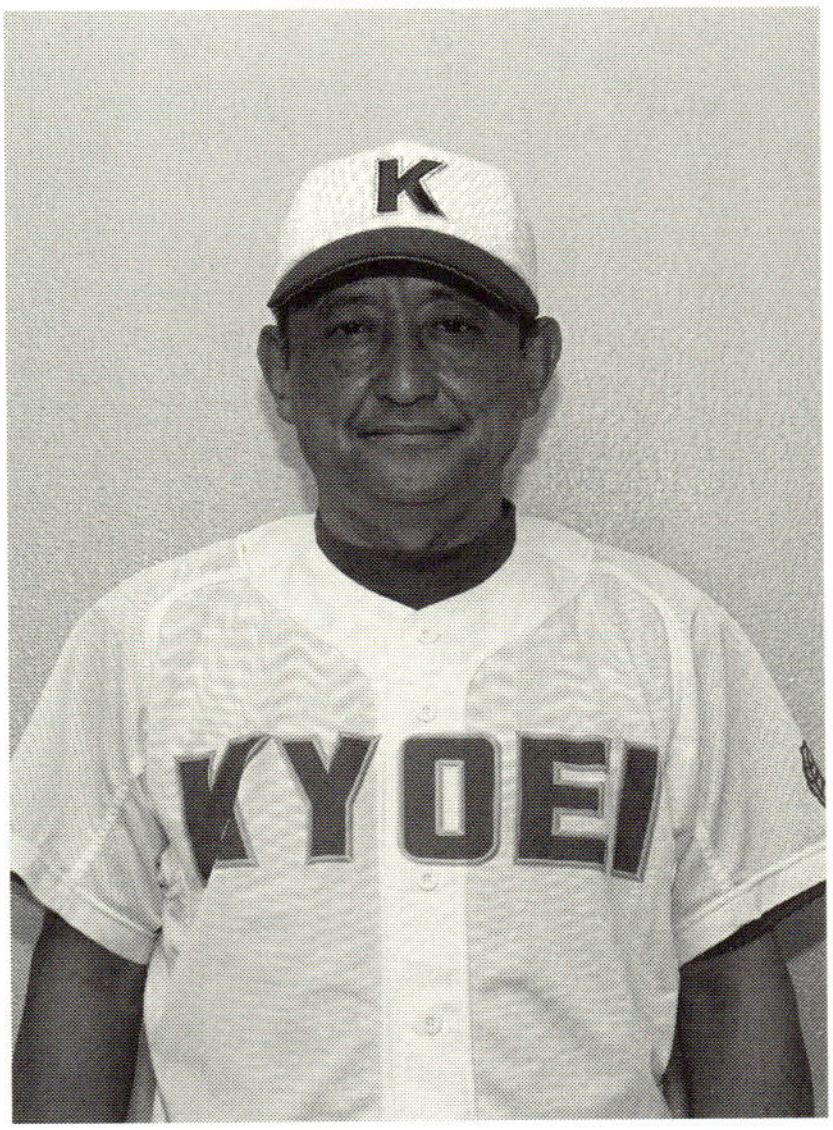

春日部共栄
本多 利治 監督

PROFILE

ほんだ・としはる。1957年9月30日生まれ、高知県中村市（現・四万十市）出身。高知高校では3季連続甲子園出場、3年春優勝。卒業後、日体大を経て1980年に新設校である春日部共栄に赴任し、同時に野球部監督に就任。1991年の春夏連続甲子園出場を皮切りに、現在まで春夏通算7回の出場を誇る。「選手の自主性」を重んじた指導法で、平塚克洋、城石憲之、小林宏之、土肥義弘、中里篤史、中村勝など、多くのプロ野球選手も輩出している。

あるとき、電車に乗っていてこんな体験をした。

駅に停車すると、最寄りの高校の野球部員がぞろぞろと乗ってきた。彼らは車内の一部にドカッと陣取り、スマートフォンを片手に大声を挙げながらワイワイ騒ぎ始めた。だが、ほどなく同じ車内に「KYOEI」と書かれたバッグを持つ、野球部員らしき高校生を見つける。その整然とした佇まい、オーラに気圧されて自分たちの行動が恥ずかしくなったのか、彼らは声を潜め、広がったスペースを小さくまとめ、やや背筋を伸ばしながら過ごすようになった。

埼玉県内で一目置かれる存在。春日部共栄を率いる本多利治は、そんなエピソードに顔を綻ばせる。

「昔、教え子と再会してお酒を飲んだときに聞いた話でね。高校時代はみんな、野球部のバッグを裏返しにしていたと言うんです。要するに、当時はレベルが低いと言われていたから学校のロゴを見せるのが恥ずかしかったし、共栄の野球部員だというのを知られたくないんだと。それを聞いたときに『いかん、コイツらのためにも絶対にいい学校にしなければダメだ』と強く思いました。そんなOBたちが、今は共栄の野球部出身だと胸を張って言えるって喜んでくれている。そういう意味ではある程度、伝統ができてきたのかなと思いますね」

正義感が強く、情熱あふれる指導者なのだという印象を受ける。監督に就任したのは、開校と同時の1980年。そこからの37年間で、同校を春夏合計7度の甲子園出場に導いてきたが、

「甲子園に出たからって別に偉くはないんですよ」と言い切る。野球部の監督である前に、一人の教師として子どもたちと接したい。だから挨拶や返事、言葉遣い、整理整頓や身だしなみなど、人として大事な部分にこだわってきた。そして、試合では胸を張って戦おうじゃないかと。

そんなチームの魅力が凝縮されていたのではないか、と思うシーンがある。

1993年8月23日。県勢初となる夏の甲子園優勝を目指して決勝まで勝ち上がった春日部共栄は、悲願を懸けて兵庫の育英と対戦した。試合は接戦。エースの2年生左腕・土肥義弘（現・西武コーチ）が初回にいきなり2点を失うも2回以降を踏ん張り、打線が4回、5回と1点ずつ奪って同点に追いつく。しかし8回裏、育英のスクイズが土肥の悪送球を誘って痛恨の失点。2対3で迎えた9回表、春日部共栄の最終打者が二ゴロに倒れると、マウンド上には歓喜の輪が作られた。

そのときだ。試合後の整列に向かっていた春日部共栄の選手数名が、いったんマウンドに近づいて育英ナインに拍手を送った。さらによく見ると、整列を終えている選手たちも笑顔で拍手。そう言えばミスによって決勝点を許した直後も、マウンドに集まった春日部共栄ナインはみなにこやかに笑っていた。それも、決して無理やり作った笑顔ではなかったように思う。一方の育英は主将が試合中に左ヒザを負傷、途中で離脱するなど満身創痍だったこともあり、全員が涙。そんな勝者を心から讃える敗者の清々しい表情は、閉会式でも際立っていた。

「普通は勝ったら嬉しくて喜び、負けたら悔しくて泣くものですから、周りの人たちがすごくビックリしていましたね。ただ、相手チームの悪い点があっても、それを指摘しないこと。いいプレーが出たら、それが相手チームであっても拍手をすること。常にそういう態度を見せていくんだ、という考え方は普段から徹底してきましたから。僕たちが目指しているのはね、とにかく周りの人々から愛される野球部になろうと。時代によって選手の気質も違うし、高校野球のあり方も少しずつ変わっているんでしょうけど、そこだけは絶対にブレたくないんです」

真っすぐな目でそう語る本多の指導は、チームに大きな影響を与えてきた。1991年、県内の私学としては初めて春夏連続で甲子園に出場。さらに2年後の夏に甲子園準優勝を果たすと、人気と知名度はグングン上がっていった。また野球部の活躍がきっかけとなって、学力水準を高めたいという学校側の思惑もうまくハマり、その後は多くの大学進学実績も積み重ねる。今や文武両道を実践する私立校として、多くの中学生が目標に掲げるようになった。特に野球部は少子高齢化の真っ只中にありながら、部員数は今も毎年3学年合計で100名を優に超える。しかも、春日部共栄の野球部員であることが大きなモチベーションとなっているから、辞める者はほぼゼロに近いという。

初戦、コールド負けからのスタート

「自主自律」という言葉がある。周りからの干渉や制約に惑わされず、自らが主体となって考えて行動し、自分自身の規範に従って己を律する、という意味だ。春日部共栄はこれを校訓に掲げており、「目指す理想は自主自律」という校歌の一節にもなっている。

昨今の教育現場では特に、指導者が子どもたちと同じ目線に立ち、強制するのではなく自主性を促すスタイルが良いという風潮がある。本多が理想とするのもまた、選手たちが自主性を持って取り組むチームだ。ただ、それを実現するまでにはかなりの時間を要することも知っている。

学校が創立した当時、校内は荒れていた。「とりあえず人を集めようというところからスタートしたので、生徒が教師のことを甘く見ていました」と本多は言う。なかには家庭では手に負えないから入学させたというケースもあり、部活動以前の問題も頻繁に起こった。本多が担当する体育の授業はいわば生徒指導で、髪を染めたり、奇抜な髪形をしている生徒を見つけてはバリカンで刈っていく。敷地内に暴走族が乱入することもあり、それを捕まえて警察に通報するのも大きな役目だった。

新設校だから模範となる先輩はいない。それならば、まずはルールやマナーを教えることから始めなければならない。そう決意した本多は、まずはスパルタ式で挨拶や返事の仕方から道具の管理まで、とにかく徹底的に叩き込んだ。また現在の専用グラウンドは1983年に完成したもので、当時は練習環境も不十分。貴重なスペースだった校庭の至るところには残土があり、比較的平らな部分でも大きな石ころがゴロゴロ転がっている。だから選手たちとともに石を掘り出して拾い、土を耕し、馴らしていく。そうやって地道にグラウンドを整備し、文字通り土台からチームを作っていった。

入部希望者は意外にも100名を超えていたが、1週間経つと半分近くまで減っていた。さらに夏の暑さの中での猛練習、冬場のトレーニングなどでどんどん脱落し、最終的に残ったのは3分の1程度。それでも、本多は「去る者は追わず」という姿勢を貫いた。最初から全員が理解してくれるとは思っていない。そもそも何もないところから伝統を築こうというのだから、肝心なのはスタートなのだ。いい加減な姿勢で取り組む選手を受け入れて「なんだ、これでいいのか」と思われたら困る。もちろん本多自身はもともとスパルタ式を望んでいるわけではない。が、心を鬼にして取り組んだ。

あの監督はおかしい。常軌を逸している。春日部共栄で野球をやらないほうがいい……。周囲からはそんな声も聞こえるようになった。練習試合の打診はことごとく断られたという。また、運よく試合を組めたとしても、周りから「帰れ!」と野次を飛ばされた。だが、厳しい声こそ闘争心に火を点けるガソリンになった。本多は選手たちにこう言い続ける。

「何を言われても絶対に言い返すな。試合で勝てばいいんだ。それを気にしているようでは、お前たちに力がないということだ」

強豪となった今、春日部共栄には練習試合のオファーが殺到する。当時の悔しさがあるからこそ、それを無下に拒むことはせず、スケジュールさえ空いていればどんなチームとも組むようにしている。強くなったからと言って、相手を選んではダメだ。それは高校時代の恩師から言われ、肝に銘じている言葉だ。誰に対してもフラットに接する本多は、多くの人間から慕われている。

1年目の夏は規定により大会出場が認められず、最初の公式戦は翌1981年の夏だった。もちろん1・2年生だけで臨んだが、初戦で川越工業に6回コールド負けを喫した。相手も強かったし、実力差を考えれば仕方ない。だが、本多は大きなショックを受けたという。

「僕のそれまでの野球人生で、コールド負けってしたことがなかったんですよ。だから、生まれて初めての経験。それが監督になっていきなり来たもんだから、もう悔しくて、悔しくてね。メンバーはそのまま新チームにも残るので、大会後には4週間の泊まり込みで合宿を行いました。僕も一緒に寝泊まりするんですけど、なぜだか分かりますか？　生徒が途中で逃げ出さないようにです（笑）。また、ご飯も朝は交代で生徒たちに作らせて、夜は父兄の方々にお願いして。そこで驚いたのは、味噌汁を作るときに砂糖を入れるヤツがいたんですよ（苦笑）。でも『これも良い経験だ』なんて言いながら、とにかく気合いでやり切りました」

そんな経験がチーム内に一体感をもたらし、秋には県ベスト8まで勝ち上がる。若さゆえの情熱でチームを鼓舞し、それに引っ張られて選手たちもたくましくなっていった。

春日部共栄は、ここから流れに乗った。翌年の春夏は上位進出を逃すが、続く新チームは投打の柱だった平塚克洋（元・阪神ほか）を中心に秋ベスト8、春ベスト4、夏ベスト8。その後もたびたび上位に顔を出すようになり、1988年秋には県初優勝を果たす。1989年秋にはセンバツ出場の選考に落選したものの県3位、関東ベスト4。そして1990年秋、県を制して関東大会でベスト8に食い込むと、その戦いぶりが評価されてついに翌春の甲子園出場が決まった。

本多が自主性を本格的に重視するようになったのは、2000年代に入ってからのことだ。

実は監督就任時から、10年スパンで物事を考えていた。長くやらせてもらえるのであれば最初の10年で土台を作り、まずは甲子園に連れて行こう。そこからの10年は少しずつ自主性を促していこう。そして次の10年では、選手が自ら考えて行動できる野球を目指していこう、と。

県大会初優勝が9年目、甲子園初出場を決めたのが11年目の冬で学校とすれば10期生の学年。14年目の甲子園準優勝を経て選手の意識もさらに高まり、20年目ごろには自主性の大切さもかなり浸透してきていたから、ほとんど思い描いたシナリオ通りだと言える。

現在の本多は「お前はどういう選手になりたいんだ?」と意見を聞き、「じゃあこうしたらどうだ」と提案するスタイル。報告・連絡・相談の〝ホウレンソウ〟はもちろん大事にしているが、「とにかく俺の言った通りにやれ」という以前の姿とは真逆だ。クールごとの課題や練習メニューなども個人に任せることが多く、朝練なども強制はしない。

「同じ練習でも、誰かにやらされる練習と自分からやる練習とでは、疲労度がまったく違う。後者の場合、自分に何かしらの目標があるわけだから疲れないんですよね。逆に自分の意志をちゃんと持っていないと、人の意見に左右されてしまうから目標に辿り着かない。私たち指導者は環境を与えるだけで、時間をどう使うか、どんな意識で取り組むかが大事なんだと伝えています」

本多がその大切さを学んだのは、高知高校でプレーした現役時代だ。

当時はどこもかしこもスパルタ指導。そんな中、監督だった岡本道雄は就任した1969年からずっと自主性を重んじていた。当然、結果が残らなければ周囲からは「何をしているんだ」「指導が甘いんじゃないか」などと批判を浴びる。しかし、それでもブレることはまったくなかった。選手を伸び伸びとプレーさせたほうが、良いところを引き出せるんじゃないか。そもそも人間は一長一短。短所を改善しようとするのではなく、長所を伸ばしていくことで短所を隠してしまえばいい。そんな発想だ。

実際、本多は岡本からビシバシ指導をされたことがまったくない。むしろ、いつも選手たちに罵声を浴びせるのは主将を務める本多だった。少しでもいい加減な気持ちが見えようものなら「こらぁ！」とケンカを始め、とにかく妥協を許さない。もちろん、指摘している以上は自分がお手本でなければならない。だから日常生活においても、「誰にも文句は言わせない」という気持ちで過ごしていた。本多は「僕は顔も怖いし、話しかけにくい空気はあったと思いますよ」と笑う。ただ、そうやってチームをまとめるリーダーシップを評価されていたからこそ、岡本からはよく「俺の目の前であれば周りにどれだけ厳しくしてもいいぞ」と言われていた。頭にくることや指摘したくなることも多々あっただろうが、それをいっさい見せずに温かく見守ってくれた。そんな恩師のことを、本多は心から尊敬する。春日部共栄のユニフォームを高知高とほぼ同じデザインにしたのも、岡本野球が原点、という想いが強いからだ。

岡本との出会いは、少年時代まで遡る。

本多は1957年、高知県中村市（現・四万十市）で生まれた。海あり、山あり、川あり、大自然に囲まれて幼少期を過ごし、小学校を卒業すると私立の高知中学へと進学する。

この決断のきっかけを与えたのも岡本だった。岡本もまた高知高OBであり、3年夏にはチームメイトの有藤通世（元・ロッテ）らとともに甲子園優勝。実は母親同士が知り合いということもあり、当時小1だった本多は岡本が「1番ショート」として活躍する姿をテレビの前で熱心に応援している。やがて月日が流れ、岡本は法政大学を卒業後、すぐに高知高の監督となる。その就任直前のタイミングで、本多の母親が経営するスナックに岡本が来店した。

そのとき、本多は小5の終わりに差し掛かった時期。その年からプロ野球の南海ホークスが高知県でキャンプを行っており、岡本はなんとドラフト1位で南海へ進んだ同期生の富田勝も連れてきた。富田と言えば田淵幸一（元・阪神ほか）、山本浩二（元・広島）と並んで「法政三羽烏」と称された当時の大学球界のスーパースターだ。店へ顔を出した本多は富田にサインを貰う。これに感激し、野球に対して一気に興味が湧いた。そして、岡本にはこう言われる。

「野球は楽しいから大きくなってもやるんだよ」

この言葉が胸の奥に響いた。中村市にはもともと少年野球チームがなく、野球に触れるのは遊びの三角ベースや学校対抗のソフトボール大会くらいしかない。しかし、この人の下で野球がしたい、一緒に甲子園へ行きたいと思った。そして、この人が高知高の監督に就任するのならば、自分は附属の中学へ行こう、と。

実際に指導を受けてみて、学んだものはたくさんあった。もちろんベスト8入りした2年春から3季連続甲子園出場、3年春には全国制覇と成績も華々しい。ただ勝利へのこだわりや厳しさを教える部分もありながら、人間としては教育者。選手一人ひとりの将来を考え、ちゃんと見てくれた。だから本多は今、「どれだけ部員が多くなったとしても一人ずつとしっかり向き合っていきたい」と言う。

「指導者だって人間だから当然、好きな選手や嫌いな選手がいると思うんですよ。でも嫌いなタイプの選手でも、いいプレーをしたら拍手するべきだと思う。チームが勝つために必要な選手であれば、好き嫌いは問わずに使うべきだと思うし、そこをうまくやるのが監督の手腕。たとえばバントの下手な選手にバントのサインを出したとしたら、失敗しても叱っちゃいけない。だって、そいつの能力を分かった上でのバント指示なんだから、それはサインを出した監督が悪いんですよ。そういう部分も含めて、選手をちゃんと見て評価してあげないといけない。それに結局、県大会の準々決勝くらいまでは監督が引っ張ってくれれば何とか勝ち上がれることもありますが、そこから先へ行くためには選手に力がないとダメ。それをつけさせてあげるのもやはり監督だと思います。

あと岡本先生は、実力にかかわらず一生懸命にやっている選手を必ず一人、ベンチに入れていた。僕もそういう野球をやりたいんですよね。今は部員数が多いので練習試合もA、B、C、Dの4チームに分けていますが、できるだけ多くの選手を試合に使うようにしている。縁があって監督と選手として出会ったわけで、どこかで1回は必ず共栄のユニフォームを着させて試合に使おうと。やっぱりせっかく野球を好きになって野球部に入っているんだから、嫌いになってほしくないし、何らかの形でその後も続けてほしい。そういった指導者像は岡本先生の影響が大きいですし、僕の選択は間違っていなかったと思います。チームを強制から自主性へ転換し、学校も文武両道を掲げるようになり、最近やっと岡本先生の野球がちょっとだけできるようになった気がしていますね」

歓喜の日本一と苦い教訓

本多と話していると、あまりにも落ち着き払っている様子が逆に不気味にさえ感じられることがある。何があっても動じない器の広さ。腰を据えて対処できる引き出しの多さ。そんな勝負師の資質が備わっているのは、たくましく育ってきた過去があるからだろう。

高校では自主性重視の指導を受けた本多だが、中学時代には真逆の厳しさも味わっている。

高知高は運営組織が学校法人高知学園であることから、地元では「学園」という名前で浸透している。そして本多が在籍した高知中の軟式野球部もまた、輝かしい伝統を誇る名門チーム。もともと「学園」のある高知市内は少年野球が盛んな上、当時の高知中も基本的に公式戦でまず負けなかったから、入部希望者はみなそれなりの覚悟を持ってくる。

本多からすれば、入部は一大決心だった。いくら岡本を慕っているとは言え、野球を本格的にやっていたわけではなく、ユニフォームの着方さえも知らないレベル。また、遠方からの生徒は学園内にある寮へ入るのだが、その建物も中高で統一されており、高校生と一緒に生活しなければならなかった。まして本多は入学すると、当時高3の野球部主将と同室になる。挨拶や掃除などはもちろんのこと、使いを頼まれたり、先輩が寝るまでは寝られないなど、一般的な〝あるある〟で語られる規則もひと通りあり、毎日に戸惑うばかりだった。

そして、野球部の監督だった岡崎格も厳しかった。特にうるさく言われたのは生活面。授業態度が悪かった選手はベンチ横でずっと正座だし、岡崎の逆鱗に触れれば練習が途中で止まる。終いにはノックバットを放り投げて家へ帰ってしまうものだから、選手たちで謝りに行くこともあった。

そういう厳しい環境で鍛えられた本多は、1年秋にセカンドのレギュラーをつかむと、チームの中心選手として活躍する。水泳の平泳ぎや陸上の走り高跳びで県1位の記録を出すなど、もともと運動能力は高かった。さらに、寮のベランダからは高校のグラウンドや雨天練習場が見える。そこで練習を積む高校生の姿を見ることもまた、「ああいうプレーがしたい」という大きなモチベーションを生み出すのには十分だった。

ただ、何よりも大きかったのは家庭環境だろう。自動車学校の教官を務める父と、店を切り盛りする母。本多は末っ子で上には3人の兄と2人の姉がおり、一番上は本多と17つ、一番下でも9つ離れていた。物心がついたときはそのほとんどが働きに出ていたから、兄弟で何かをして遊んだという記憶はほとんどない。あまり裕福な暮らしはできず、兄たちには野球をやりたくてもやれなかった、高校へ行きたくても行けなかったというエピソードもある。

そんな中で両親は、本多にだけは好きなことをやらせてくれた。幼少期からよく言われたのは、「中途半端にはなるな。やるからには絶対に人に負けるな」。また母親には特に「お前の帰ってくる場所はない。へこたれるな」とゲキを飛ばされた。だから弱音を吐くわけにはいかなかったし、自分が選んだ道を相当な覚悟で後押ししてくれただけに最後までやり遂げなければならない、と。「昔はお店で酔っぱらうお客さんの姿もよく見ていたから、母親の仕事がすごく嫌いだったんです。でも大人になって、そういう生活があったからこそ僕は私立校に6年間も通うことができたんだというのも分かったし、本当に感謝しかないですね」と本多は言う。

高知中における本多の世代は杉村繁（現・ヤクルト打撃コーチ）などの好素材が多く、高校へ上がっても周囲から大きな期待を受けた。高校での同期生は最終的に10人しか残らなかったのだが、そのうち7人が高知中からの内部進学。多くが2年時に春夏連続で甲子園出場を経験したこともあり、2年夏が終わって新チームが発足すると岡本がいきなり、「目標は全国制覇だ」とぶち上げた。そして実際、3年春にはセンバツを制する。

しかしながら、いくら前評判が高くても日本一に届かないチームは山ほどある。ならば、高知高が優勝できた大きな要因は何だったのだろう。

「いやぁ、何でしょうか。負けん気が強く個性の強い集団で、それを自主性という形で引き出してくれた監督がいて、相手チームも意識をしてくれて……。まぁいろいろあるんでしょうけど、野球のことを言えば接戦で粘り強かったと思います。岡本先生は練習の大半を守備に割くほどこだわっていたし、バッテリーを中心とした守りを徹底することがトーナメントを勝つ上で大事だとよく仰っていた。それと合わせて、走塁とバントにも波があったらいかんと。この3つは大事なんじゃないかな。でも一番はやっぱり、優勝を狙っているかどうか、でしょうね」

監督として甲子園決勝に進んだ1993年夏、本多は選手たちに対して「負けの代表にならないようにとにかく優勝を目指そう」と言った。準優勝チームというのは全チームの中で最後の敗者。つまり、全チームの負けを一身に背負うことになるのだと。ただ、それはあくまでも決勝に進んだから言えたことであり、そもそもが「夏の校歌を1回でも多く聞こう」と言っていたチーム。最初から頂点を狙って上り詰めたわけではなかった。

一方で現役時代の高知高は、ハッキリと全国制覇を見据えていた。センバツ決勝の相手は東海大相模。当時2年生の原辰徳（元・巨人）、村中秀人（現・東海大甲府高監督）、津末英明（元・日本ハムほか）らを擁するスター軍団だった。さらに高知高は平均身長が168センチで出場校中最低だが、東海大相模は平均が178センチ。伝統のタテジマユニフォームも相俟って選手がかなり大きく見える。ただ、こちらも「西の横綱」として並び称されていたし、負ける気などサラサラなかった。

日本一というのは、実際に経験した人にしか分からない感覚が生まれると聞く。注目度抜群だった決勝ではおよそ6万人とも言われた大観衆が見つめる中、本多は優勝を決めるプレーに絡んでいる。最終回、打球を捕った三塁手からの送球を二塁ベース上で受け、一塁へ転送して併殺を完成。これで試合が終了し、ナインとともに飛び上がって喜んだ。閉会式では優勝旗がとにかく重く、「場内を一周ほど行進するのが苦しかった」と笑う。球場内の貴賓室へ行き、当時の高野連会長だった佐伯達夫の前で整列したときの緊張感も忘れることはできない。

また、しばらくすると大きな責任感も生まれてきた。なにしろ、県勢初の全国制覇。決勝の翌日はフェリーで四国へ渡ってバスで帰ったのだが、高知県内へ入ると出迎えのパトカーが待っていた。そこからは県民センターなどに集まった人々の前で挨拶をし、車に乗ってグラウンドまで優勝パレード。沿道はとにかく大勢の人で溢れ返っており、甲子園が与える影響の大きさを知った。

高校卒業時、学校長にはこう言われた。

「おい、本多。お前にはこれから全国制覇した主将だっていうのが一生ついて回ることになるぞ。

だから、しっかりしろよ」

　本多はこの言葉をずっと大事にしている。

「経験しているかどうかで、指導の仕方ってやっぱり変わってくると思うんですよね。僕も日本一を経験したからこそ選手たちに言える部分があって、たとえば甲子園出場もドラフト指名も、あくまでも通過点なんだと。そこで人生が終わるのであれば喜んでもいいけど、次があるんだから、早く切り替えて新しい目標に向かってガムシャラに頑張らないといけないんですよ」

　人の記憶というのは、どんどん更新されていくものだ。甲子園で活躍した選手も、数年経つと周りからはすっかり忘れられてしまう。その後の人生において甲子園に出場したことを支えにするかどうかは、本人の問題だろう。だからこそ生意気になったらダメだし、それまで応援してくれた人たちに対して恩返しをしなければいけない。そのためにも、自分が人間として成長しなければならないんだ。本多は今、選手たちにそう言い続けている。


　本多の現役時代を振り返ると、とにかく堅実だったという印象が強い。自身いわく「気合と根性だけは負けんぞというタイプ」。そんな性格もあってか、一つ上の世代では岡本から三塁ベースコーチに指名され、1年秋の明治神宮大会出場時はマネージャー役で大会運営スタッフとのやり取りをこなした。甲子園で試合のスコアを書いたこともある。練習では「バカヤロー！」と怒られることもたくさんあったが、そんな経験がパッと周囲を見渡す視野の広さや一瞬の判断力を磨いたと感じている。

2季連続で甲子園を経験した本多は、夏が終わると主将に就任する。もともと先輩たちに「次の主将はたぶんお前だ」と言われていたから、心の準備はできていた。もちろん発表前に岡本から直接伝えられ、さらに野球部長がミーティングで「今までで最高のキャプテンができた」と発言したものだから、重圧が相当あったのは間違いない。だが、本多は「主将の重みを感じたことは特にない」と言う。

「伝統校だからOBもたくさんいますが、岡本先生が責任を負わせないようにしてくれたと思うんですよね。実際、主将だからと言って人のことばかり気に掛けていたらダメで、自分のプレーも磨かなければいけない。そんな苦労もよく分かるので、指導者になってからはまず主将候補の生徒と一対一で話して、それから任命するようにしています」

また本多は高校卒業後、進学した日本体育大学でも主将を務めている。日体大野球部と言えば部員の就職も見据えたシステムを確立しており、選手としてその先の世界を目指す者だけでなく、学生コーチになって指導者を目指す者、マネージャーやトレーナー、審判になってスポーツ界の裏方を目指す者なども多くいる。全部員がグラウンドで練習するわけではなく、在籍人数が1学年につき100人を超えることもある。そんなチームをまとめた経験から、春日部共栄では各ポジションに責任者を置き、さらに打撃、守備、走塁などもそれぞれリーダー制を採用。「元気リーダー」なども設置し、とにかく責任を分散させるようにしている。

話を戻そう。

本多がセカンドのレギュラーとなった2年秋、チームは県大会決勝で高知商業に0対2で敗れる。相手も甲子園で何度も上位を経験している名門。1学年上には鹿取義隆（元・巨人ほか）がおり、当時も外野手の中沢泰司（元・阪神）がいた。とは言え、ダントツの評価を受けていた高知高からすれば、県大会での敗戦は想定外。だが、これで逆にチームが引き締まる。もともと中学時代から勝つことが宿命づけられていただけに、負けん気も相当。心のどこかに「勝てるだろう」という油断があったんじゃないのか。そういう声が自然と発生し、練習にも気合いが入った。

続く四国大会では、その成果がしっかりと表れる。初戦はエース左腕・山岡利則が万全でなく、センターの小松義昌が先発。しかし、粘投を見せて今治西を完封した。次の準決勝では山岡が1失点完投で池田を2対1と下すと、決勝は14安打11得点で志度商業を圧倒。さらに四国王者となった後も甲子園を見据えて練習を重ね、高いモチベーションで翌年のセンバツを迎える。

甲子園では接戦が続いた。結果は次の通りだ。

2回戦　5対4（延長11回）vs熊本工業
準々決勝　2対1　vs福井商業
準決勝　3対2　vs報徳学園
決勝　10対5（延長13回）vs東海大相模

打線は絶不調の杉村をはじめ、全体的に停滞気味。ヒット数はすべて相手が上回っており、山岡－北岡守男のバッテリーを中心にピンチを凌ぎ、守り抜いてワンチャンスで点を取る野球だった。そんな中、「六番セカンド」の本多は殊勲を立てる。守備ではノーエラー。打席では計4安打と決して多くはないが、4打点を挙げている。しかも、決勝打を放った福井商戦と先制2点タイムリーの報徳学園戦では、お立ち台に上がってインタビューを受けた。

さらにもう一つ、殊勲がある。組み合わせを決める抽選会でのこと。本多は選手宣誓の権利を持つ1番のクジを引きたかったのだが、東海大相模に取られてしまう。ガッカリしながらクジを引くと、出たのはなんと29校中の29番。これは2回戦から登場して初戦の日程が最も遅くなる番号なのだが、実は当時、チーム内には風邪を引いている選手やケガを抱えている選手が多かったから、回復までの時間稼ぎという点では大正解だった。

と、こうして日本一をつかむわけだが、本多はその栄光を決して自慢するつもりはない。むしろ、高校時代は悔しさを感じて終わった、という想いのほうが強いのだという。

「センバツから帰ってきて、5月くらいに腰を痛めてしまったんです。まったく立てなくなって、どこの病院に行っても原因は不明だと。だから2カ月間まったく練習に参加できず、復帰したのは夏の大会1週間前。と言っても完治はしなかったし、実はいまだに痛いんですけどね（苦笑）。最後は痛みを抱えながら試合に出て、岡本先生が途中でベンチに引っ込めてくれたりもしたんですけど、やっぱり悔しかった。だからいま高校生を指導していて、ケガだけはしないでほしいなと強く思いますね」

大きな教訓もある。センバツ優勝後、チームには取材が殺到し、またあちこちから招待試合の依頼があり、グラウンドには優勝メンバーを一目見ようと多くの女子高生たちが押し寄せた。練習環境がまるで変わり、さらに主将は不在。岡本は今、その話題になると口癖のように「あれは俺の責任。本多をもっと鍛えて、チームが気持ちを切り替えられるようにするべきだった」と言う。最後の夏は県大会の準々決勝で、土佐高校に0対6と完敗。センバツ出場校が夏に連続出場を果たす難しさと同時に、地元のマスコミ関係者の多くが泣いている姿を見て「こんなにも応援してくれていたのに申し訳ない」と感じ、本多の目には涙が溢れた。

目標が生まれると、人間は頑張れる

本多が指導者を目指すようになったのは中学時代だ。さらに高校で岡本が指導する姿を見て、「自分も野球部を指導したいなぁ」とハッキリ思い描くようになった。

ただ、チームメイトが野球推薦で進路を決める中、本多は各大学の野球部が行うセレクションにまったく参加しなかった。腰だけでなくヒジも痛めていたし、本格的に野球を続けるつもりはなかったからだ。

しかし、将来を心配した岡崎が本多のもとへとやってくる。このときの会話が運命を変えた。

「お前、進路はどうするんだ？」

「一般入試で大学へ行って、体育の先生を目指すつもりです」

「高校の指導者になりたいのなら、野球もやったほうがいいんじゃないのか？（自分の母校である）日体大はいいぞ。1回見てこい。それから決めたって遅くはないだろう」

11月、本多は東京にあった日体大の合宿所へ泊まりに行く。当時はちょうど秋のリーグ戦で日体大が優勝し、明治神宮大会に出場していたタイミング。選手と同じバスに乗せてもらい、神宮球場のスタンドから試合を観戦。そこで敗れるも優勝した明治大に食らいつく姿を見て、「いいチームだな」と心を揺さぶられる。野球推薦を受けるには時期が遅すぎたが、一般入試で合格。本多の野球人生は、こうしてつながった。

そしてもう一つ、この時期には重大な転機が訪れている。

実は大学を受験する直前、父親が脳溢血で倒れた。しかも車の運転中のことでそのまま電柱にぶつかり、頭を打って右半身不随。そこからは10年ほどのリハビリ生活を余儀なくされる。

「本当にショックでした。言葉はもちろんうまく喋れないし、利き手側が使えないから生活するのも大変。年を取ってからのリハビリって、苦しいんですよね。だから、大学へ行っていいんだろうかとか、お金は大丈夫なのかとか、いろいろ迷いました。結局は周りから『後悔するから受験はしたほうがいい』って言われて決断したんですけど、親父は60歳だったからそろそろ引退したかったんだろうなとも思ったし、でもウチは裕福でもなく両親が共働き。そう考えると、俺を育てなければいけないからだよなぁとか……。僕は26歳で妻と結婚したんですが、親父はその翌年に70歳で亡くなったので結婚式には車イスで出席してもらっていて、何とか間に合った感じでした」

そんな状況からスタートした大学時代。本多の覚悟は並ではなかった。

人間の温かさも感じた。入学後から合宿所に入った本多は、経済的にはギリギリの状態だった。ところが3年生に上がるタイミングで大規模な合宿寮が造られる。そこは各運動部のレギュラークラスが集まるのが基本なのだが、当時の監督だった上平雅史から「一軍の寮に入りたいか」

と聞かれ、「じゃあ寮でアルバイトをして寮費を払ったらどうだ」と言われた。そして毎朝6時から8時まで、時給500円で食堂の手伝いをすることになった。ご飯を炊き、出来上がった料理をそれぞれ食器に移して渡す。回収した数百名分の食器を洗うのもまた本多の仕事だった。8時過ぎになると、厨房の奥の部屋でようやく朝食。寮の世話をするおじさんやおばさんの配慮で、食堂の食事とは違ったメニューを出してくれるのもありがたかった。

この期間があったからこそ、強くなれたのではないだろうか。2年時まではベンチ入りを果たすことはなかったが、3年春に代走でリーグ戦出場。そして秋にはセカンドのレギュラーとなり、打撃10傑に入る活躍でベストナインを獲得する。アルバイトは1日も休まなかったから当然、寝不足で体は痩せこけている。また、ヒジ痛も相変わらず。シートノックなどでは1球処理するごとにノッカーに背を向け、お祈りをして痛みをこらえていた。ただ、それを言い訳にしたくはなかったし、人が遊んでいる間にもこっちは食事の手伝いをしているんだから負けるわけないだろう、という想いもあった。だから、本多はしみじみと言う。

「人間って目標が生まれると、頑張れるんですよね」

最上級生になると、本多は上平から主将就任の打診を受ける。「何とかならんか」と言われたが、おそらく主将にアルバイトを続けさせるわけにはいかない、という想いがあったのだろう。実家に相談すると、父親の姉が「1年間なら寮費を払ってあげる」と言ってくれた。

主将となった本多だが、ここでまた試練が訪れる。春のリーグ戦へ向けて練習をしているさなか、張り切りすぎてバックハンドでボールを捕りに行ったところを左肩から崩れ落ち、左肩の靭帯を痛めてしまった。小学校時代の鎖骨骨折、高校時代にショートと激突して右肩靭帯を痛めたのに続き、これで3度目のギプス生活。何かに取り憑かれたかのようにケガを重ねているが、とにかく春はほとんど出場できず、秋も不調で出たり出なかったり。チームも原辰徳を擁する東海大に歯が立たず、4年間優勝なしで大学野球を終えた。

先述したように、日体大野球部には将来的に指導者を目指して入部する者も多い。実際、本多の同期にも葛谷修（現・東福岡高監督）や坂井宏安（現・九州学院高監督）、山崎慶一（現・岡山学芸館高監督）などがいる。

大学時代、練習メニューはまず主将や学生コーチらが話し合い、上平に見せていた。その案が受理されたことは一度もなく、どこが悪いのかも指摘されない。だから自分たちで試行錯誤しながら修正案を出し、また突き返されての繰り返し。「じゃあ最初から自分で考えてくれよ」と思ったこともあるが、考える場を与えてもらえたのは指導者を目指す本多にとってありがたかった。

卒業後は母校へ帰り、岡本の下でコーチ業をするつもりだった。岡本からも「俺のあとはお前にやらせるぞ」と言われていた。だが、肝心の母校に教員採用の空きがない。高校の同期である北岡の父親が「ウチの会社で仕事を手伝って夕方から練習に行ったらどうだ」と言ってくれたが、そんな矢先、春日部共栄の母体である学校法人共栄学園から大学側に「指導者を探している」と連絡が入った。

本多は決して埼玉の地にゆかりがあるわけではない。にもかかわらず、なぜ春日部共栄を選択したのだろうか。

「新設校というのが魅力だったんです。自分の監督としての能力を試す絶好の場所だと思ったし、真っ白の紙に自分の色で絵を描いていけるのも面白いんじゃないかなと。高知高校に行ったら岡本先生の下で伝統を引き継いでいく野球になるわけですし、僕の色に染めるわけにもいかない。実は春日部市がどこにあるかも知らなかったんですけど（苦笑）、想いを駆り立てられました」

そして、自分を導いてくれた岡本や岡崎、指導者への道を切り拓いてくれた上平、何かと目をかけてくれた寮のおじさんやおばさん、「自分が行きたいのなら埼玉に行け」と言ってくれた両親、生活費の面倒を見てくれた親戚……。お世話になった人たちに対して、数々の恩を少しずつ返していきたい。そんな決意で、本多は指導者人生をスタートさせる。まずは学校に寝泊まりし、周辺地域の中学校へ出向いて「4月からこんな学校ができて、監督をすることになったのでよろしくお願いします」と挨拶に回った。

チーム作りにおいては、さまざまな考え方がある。私立校の場合、単純にチームを強くしたいのであれば、野球推薦制度に則って全国各地で有望な選手に声を掛けていく方法が手っ取り早いだろう。

ただ、本多は基本的にそのやり方を嫌がる。「それだと子どもも親も道を間違えると思うんですよね」と言う。野球界では得てして、「あそこのチームに行けば上の世界とのパイプがあるから進路が有利になる」といった噂が語られやすく、また「強豪のレギュラーになれば有名大学、有名企業に入れる」といったケースも珍しくない。だが、そもそも野球の実力やツテだけで大学や社会人まで進んだところで、その先に成功するかどうかは自分次第。とすれば、本人のためにも大学は自分の学力に見合ったところへ行くべきだし、自分の能力や性格に合った企業へ入社したほうが良いんじゃないのか。

赴任時から一貫している本多の目標は、自身が少年時代に高知高への想いを抱いたのと同じように、「春日部共栄で野球をやりたい」と言われる学校にすることだ。それこそがチームとしての土台でもあり、野球部が強くなればそれでいいという考え方は違うのではないか、と。

そのためには生活面を正し、勉学にもしっかり励まなければならない。創部から十数年後に建てられた寮には最大40名が入れるが、今も寮生には2日に1回ほどのペースで夜20時半から2時間、勉強時間が設けられている。また消灯は23時だが、それ以降も続けたい者は食堂を使うか、もしくは東大ルームという机とイス、パソコンが個別のボックス席にそれぞれ設置されていて、インターネットで学習用の動画が観られるようになっている。「野球が上手いから寮に入れるとか、下手だから自宅から通うとか、それってなんか違うと思うんですよね」と本多は言う。全員に希望の有無を訊ね、通うのが困難な選手を優先的に入寮させている。

すると、中学生たちの間では必然的に「春日部共栄の野球部に入る＝基本的に自宅から通えるかどうか」という判断基準が出来上がってくる。だから自然と地元の選手が増え、地元民もより親近感を抱く。地元中学の軟式野球部出身だった選手がよく活躍する、というのもまた、春日部共栄の人気が高い理由の一つだろう。中学軟式の先生たちと信念を熱く語るうちに意気投合することも多く、「ウチへ選手を送ってください」などと言った覚えもないのに「ぜひ本多さんのもとで野球をやらせたい」という声がしだいに増えていった。

スパルタ指導でチームを鍛えていった本多だが、勝てるようになったのは「選手たちがその中でも少し伸び伸びとできるようになってから」だという。実は4年目の83年、厳しすぎる指導に耐えかねて、練習をボイコットされたことがある。そこで初めて、本多は選手側の立場に寄り添うようになった。理解するまでは従わせようとあえて厳しくしていたが、選手だって人

間なのだから、時期を見て指導方針を変えていく必要があるんだなと気付かされた。

その後も、選手たちから学んだものはたくさんある。そんな毎日を積み重ねて思った。「教育」という言葉は「教え育てる」と書くが、実は「教え育ててもらっている」なのではないかと。

「いろいろな家庭があって、いろいろな環境で育ってきた子どもがいる。当然、性格も考え方も人それぞれ違うし、だからこちらの対処の仕方も変えなければいけないと思うんですよね。同じ目標に向かっていくんだけれども、そこへの行き方は人によって違ってもいいんじゃないかなと。まぁ22歳で監督になった当時は分かるわけがなかったんですが、何十年とやってきて、やっぱり一人ひとりと向き合うことが一番大事だと思う。経験のない子どもたちに『変えろ』と言っても絶対に無理だから、大人が変わって、そのときの子どもたちに合った指導をしなければいけないいんだと思いますね」

創部当時から野球部を率いて今年で38年目。
春日部共栄を埼玉県屈指の強豪へと育て上げた

「自主性」への転換期と同時に訪れた共栄の黄金期

県内に衝撃を与えた世代がある。春夏連続で甲子園出場を果たした1991年。実は秋春夏と県大会をすべて優勝し、私学では唯一の〝グランドスラム〟も達成している。

当時は主将の城石憲之（元・ヤクルトほか）、2年生の橿渕聡（元・ヤクルト）など能力の高い選手が揃っていた。ただ、それも決して集めたわけではない。スタメン9名のうち6名が、春日部市のある県東部地区の出身。評判が少しずつ広まったことが、一つの結果として表れたのだ。

きっかけとしては、1988年秋の初優勝が大きいという。特にエースの中村和雄紀は身長170センチちょっとで小柄だが、気概のある選手だった。本多の精神状態も含め、やや無難な戦い方になりがちだった時期。中村は練習中から率先してチームを引っ張り、試合でも強打者だろうと強気にガンガン内角を攻めた。

ここで結果を残したことが、本多にとってもチームにとっても好循環をもたらした。結果が残れば今まで夢として捉えていた甲子園出場も俄然、現実味を帯びてくる。選手たちは、本多が黙っていても練習後に個人練習をするようになった。

そのチームを見て春に入学してきたのが、城石たちの世代だ。春のセンバツでは秋の四国王者だった尽誠学園に10対3で圧勝。2回戦では広陵に2対4で逆転負けを喫したが、それも選手たちにとっては夏への活力剤になった。

「あのときは、もうちょっと頑張れば行けるっていう気持ちが行動に表れていた。それこそ自主性だと思うんですよね。そして夏も甲子園に出場できた。1997年の春夏連続出場も、ここで一度経験していたことが大きかったと思います」

さらに、櫂渕が主将となった1991年秋は県準優勝。これで秋の関東大会出場は4年連続となる。そして、一つ下の学年が甲子園準優勝だ。

この世代こそ、本多が自主性への転換を大きく意識した時期だった。秋の県大会でまさかの初戦敗退を喫したが、冬場にみっちりトレーニングを積み、春には関西遠征。和歌山では社会人野球の住友金属を訪ね、投手コーチの高橋修二から投手育成のノウハウを学ぶ。高橋は高知高で本多の1歳上にあたり、社会人球界ではベストナインや日本選手権2年連続MVPなどの記録を持つ名投手。土肥らが自信をつけて帰ってきたチームは春、県大会決勝でセンバツ準優勝を果たしたばかりの大宮東と対戦し、0対1と好勝負を演じた。

ところが、本多は選手たちから満足している雰囲気を感じ取る。そして、雷を落とした。

「これで満足しているのか。ふざけるな。向こうは2番手ピッチャーだろう。この試合は絶対に勝たなければいけなかったんだ」

本多からすれば、もっと潜在能力があるのにもったいない、という想いが強かった。実際、決して土肥頼みのチームなどではなく、遠藤誠や中村剛啓、柴田耕一といった好打者が揃っていた。ただ、それ以降もいくらか奮起を促してみたが、選手たちはどうも大人しい。そこで一発、大きな賭けに出ることにした。

6月、本多はある練習試合の前に「この時点で負けるようなら3年生はもう引退しろ」と言い放った。そして実際に敗れると、「よし、もう終わり。お前たちのその考え方じゃあ夏も大宮東に勝てっこない」と。当然、選手たちの「やらせてください！」という声を期待していた。

しかし、結果は違った。本多はグラウンドで2時間待っていたが、誰も来る気配はない。「まさか」と思って部室を見に行くと、選手たちは本当に帰ってしまっていた。翌日、選手たちを呼んで話を聞くと「本当に引退だと思いました」。そこで気付いた。今の選手たちに、それまでのやり方は合わないのではないかと。

本多は3年生全員を集め、ミーティングを行った。自分はグッとこらえ、不平不満をすべて吐き出させた。そこで分かったのが、寮生と自宅からの通い組で2つのグループにハッキリと分裂してしまっていたこと。通い組から「主将を代えてほしい」という主張が出たため、本多は「自分たちで納得がいくまで話し合え」と言ってその場を去る。2時間後、主将の高橋正幸が呼びに来たので部室へ戻ると、全員が涙を流していた。

「彼らは腹を割って喋ったと思うんです。それを見たときに、僕は『このチームは上まで行けるな』と思いました。そして僕は、もういっさい怒らないということを約束した。そうしたら、プレーが変わってきたんですよね。思い切ってプレーする姿勢が良い方向に回って、勢いがついて甲子園準優勝。秋の県大会1回戦負けのチームが、ですよ。高校生の潜在能力ってすごいなと思ったし、本当に面白いチームだった。あの感覚はなかなか味わえないですね」

1993年夏が終わると、春日部共栄は強豪としての道を歩き始める。土肥・小林哲也の2年生バッテリーが残った新チームでは、2番手投手として本柳和也（元・オリックス）なども台頭し、甲子園出場こそ逃すも3季連続で県決勝進出。さらに、その年の春に入学した世代には、小林宏之（元・ロッテほか）ら好素材が多かった。そして、その1学年下が1997年、春夏連続で甲子園出場を果たした。

この世代にまつわる逸話がある。捕手の岡田新一、二遊間の白見祐司や大久保塁らが社会人まで野球を続けるなど、もともと野手は充実していた。ただ投手は小林が抜け、大黒柱が不在。そんなチーム状況で本多が抜擢したのが、右サイドハンドの長峯悟だった。本多は長峯の投球の独特な軌道が大きな武器になると考え、秋の地区予選では温存。県大会でデビューさせると、一気に関東大会優勝まで駆け上がった。さらに明治神宮大会でも準優勝を果たし、翌春のセンバツには「東の横綱」として出場。ここでベスト8まで勝ち上がると、長峯は舞い上がった。

そもそも練習をあまりしないタイプで、周囲からの信頼は今ひとつだった。エースナンバーは常に、誰もが努力を認める高藤恒宏に着けさせていた。本多は春、長峯をあえて苦しい場面で起用。そして県ベスト16に終わると、「ほら見てみろ！」と追い込む。また練習試合でも打ち込まれる長峯に対し、「明日からお前は会話を禁止だ」。周囲にも「いっさい長峯に声を掛けるな」とクギを刺し、孤独な環境を作った。

迎えた夏、県の準々決勝から登板した長峯は見違えるような投球を見せた。上尾との準決勝は延長10回の激闘を制し、市立川口との決勝は1対0の完封。甲子園出場を決めると、長峯は本多にこう言った。

「やっとチームの一員になれました」

頂点を狙った甲子園では3回戦で惜しくも浦添商業に逆転負けを喫するが、チーム一丸となって堂々と戦った。彼らは2014年夏、センバツ王者・龍谷大平安を破って甲子園10勝目を挙げた本多に対し、「祝・甲子園10勝」という記念の盾をプレゼントしたのだという。

いつのことだったか、地元紙が特集で夏の県大会決勝の名勝負を5つ選び、掲載したことがある。そのうちの2つが春日部共栄の試合。2000年夏と2005年夏だった。

前者はその年に中日からドラフト1位指名を受けた中里篤史が浦和学院・坂元弥太郎（元・ヤクルトほか）と投げ合い、延長10回でサヨナラ負けをした試合だ。これ以降、古川祐樹（元・巨人）や大竹秀義（現・巨人）、中村勝（現・日本ハム）とさらに投手がプロ入りしており、春日部共栄は好投手を輩出するというイメージがより強くなった。

そして後者。この世代は、本多にとって絶対に忘れられない存在だ。

その前年、夏を控えた時期にチームはある問題で厳重注意を受けることになった。度重なるバッシングにより、選手たちにも少なからず影響はあったかもしれない。秋春と県を制していたチームが、夏は上位にすら上がることができなかった。

このままではいけない。そう感じた本多は、学校や保護者との連携を密にしようと努めた。そして、大勢の保護者の前にして宣言する。

「どんなことがあっても、僕は選手を助けてあげたいと思っています」

指導者は子どもを育ててナンボ。だから何があっても切り捨てるわけにはいかないし、学校へ通う生徒たちのためにも「あの春日部共栄」というイメージは絶対に払拭しなければならないと誓った。

そして翌2005年の春から夏にかけて、本多は毎日ミーティングを行い、自らの手で選手たちにメンタルトレーニングを実践した。そんな成果が表れたのが、夏だった。

埼玉栄との決勝。相手エースは当時2年生の好右腕・木村文和（文紀、現・西武）だ。こちらも主将で四番の靍岡賢二郎（元・DeNA）や1年生の斉藤彰吾（現・西武）など戦力は揃っていたが、投手陣は2年生の大竹がヒジ痛を抱え、今井貴一と1年生の難波剛太で何とかやりくりしている状態。しかも、1対4で9回2死一塁まで行ったのだから、誰が見ても絶体絶命だった。

しかし、そこから粘って満塁のチャンスを作り、靍岡の走者一掃の3点三塁打で同点。さらに射手矢大輔が勝ち越しの適時二塁打を放ち、5対4で大逆転勝利を収めた。そんなチームを振り返り、本多は興奮気味に語る。

「選手たちが最後まで諦めませんでしたね。究極の場面でこそ笑ってプレーするんだってずっと言ってきて、それが最後に出た。しかも最終回、靍岡まで回ってきたら面白いなぁと思っていたら願いが叶って……。あれはもう本当に感動しました。それに甲子園1回戦では大阪桐蔭と当たり、エースの辻内くん（崇伸、元・巨人）、四番の平田くん（良介、現・中日）に1年生の中田くん（翔、現・日本ハム）というすごいチームと試合をすることになってしまいましたが、辻内対策で『お前たちは低めの150キロを打つんだ』と言い聞かせていたら、それを実践して辻内くんを降ろすことができた。2番手で登板した中田くんが、投手としてあそこまで良いというのは誤算でしたけどね」

圧倒的な優勝候補に食らいつき、7対9と善戦。このときもまた、選手たちの潜在能力に驚かされた。

2000年代を超えたあたりからだろうか、本多は選手たちの気質にも変化を感じはじめた。昔はヤンチャな選手が多く、勝利への意欲を煽ればどんどん燃えていった。ところが現在は真面目な性格の選手が増え、結果を気にしてあれこれと考えすぎるタイプが多い。そうであればやはり、伸び伸びやらせたほうがいいんじゃないのか、と。

もちろん、教育の場でもあることには変わりない。ただ、みんなで連携を取って子どもを育てる時代なのだろう、とも思う。親が学校側へ任せきりにするのも、教師が「忙しいから」という理由でいい加減にするのも、部活動の監督が勝敗ばかりを優先させるのもダメ。それぞれが一人ひとりをしっかり見て、お互いに話し合っていく必要がある。だから本多はできるだけ目線を下げ、選手たちに「何かあったら聞きに来いよ」と砕けた態度を取るようになった。

そうした指導のスタンスも、少しずつ浸透してきている。

2014年夏、9年ぶりに甲子園出場を果たした春日部共栄は開幕カードにて、センバツ優勝の龍谷大平安を5対1で倒した。試合の数日前、本多は練習会場で選手たちにこう言った。

「いいか、ミーティングはこの1回しかやらないから集中して聞け。今から話をすることは、記者には絶対に言うな。聞かれても隠すんだぞ」

そこで選手たちの間に笑いが漏れる。実際のところ、内容は「春夏連覇を意識しているチームが開会式直後の試合に臨むんだから、絶対に投手が緊張する。そこを突くために、ジャンケンに勝ったら絶対に先攻を取れよ。あとは今まで笑顔を届けようとやってきたんだから、入場行進も笑顔でやって、そのまま試合に入ろう」。簡潔にポイントをまとめるだけで、あとは力を出しやすい雰囲気作りに徹すれば良い。

「最終的にはね、選手を信じ切ることが大事だと思うんです」

本多はそう言う。

その年のエース・金子大地は、球威で言えば5名いる主力投手のうちの5番目だった。ただ、練習試合の成績や投球を組み立てる技術なども含めて、信頼度は抜群。本多は背番号1を与え、最後まで「ウチのエースは金子ですよ」と言い続けた。

夏が終わると、金子からはこんな内容の手紙が届いたという。

「私立高校というのは、野球推薦で入った選手を使うと聞いていました。でも春日部共栄はまったく違っていて、自分をずっと試合に使っていただいた。本当に感謝しています」

また、同世代で背番号14を着けたセカンドの佐野尚樹。潜在能力は高いがどうも気が小さく、なかなか能力を発揮しなかった。そこで本多は度胸をつけさせようと、毎日のようにミーティングで前に出させて話をさせる。また試合でも、もう一人のセカンドとの併用で使っていった。

夏の準決勝、大宮東戦ではあろうことか、代打で見逃し三振をしてしまった。だが市立川越との決勝、本多はなんとスタメンで起用する。佐野は左打者で、相手投手は左腕。いわゆる「左対左」は打者がかなり不利だと言われているが、それでも本多は佐野を信じた。

「それまでの練習に対する姿勢、真面目さや一生懸命さが感じられたので、僕は彼の中から『気が弱い』っていう要素を外して考えたんです。そうしたら5打数4安打3打点の大活躍で、7対2で勝利。佐野がいなければ、おそらく甲子園出場はなかったでしょう。使うときにはやっぱり、選手を信じることが大事だなぁって強く感じましたね」

名将の条件とは何なのだろう。試合の流れを読み、巧みな戦術を考えられること？　高度な技術を教え込み、能力の高い選手をたくさん輩出すること？　強いと言われるチームを作り、甲子園出場へ導くこと？

いや、それだけではないはずだ。本多を見ていると、何よりも大事なのは、選手たち一人ひとりに寄り添えることのような気がする。

「監督の仕事は、選手たちの潜在能力を引き出してあげることじゃないですかね。じゃあ勝つことだけを考えたとしても、三拍子揃っている選手って高校生にはなかなかいないでしょう。

だからチーム内での助け合いになるし、結局は自分のいいところ、必要とされている部分はどこなのかっていうのを子どもたちに分からせなければいけない。たとえば練習試合でも、相手が右投手から左投手に代わった瞬間、ベンチ内に『もう準備はできています』っていう右打者が何人いるのか。そういうことにいち早く気付いてくれる選手であってほしいし、自分で考えて行動できるようになってほしいですね。今はそういうことができるようになってきたので、大会に入って僕が細かいことを言わなくても大丈夫。そういう意味では1番手も2番手も差がなくなってきているし、レベルアップできているのかなと思います。社会に出ていっても、やっぱり求められるのはそういう部分。子どもたちには少しでも、その先の世界で活躍してほしいんですよね」

そして、本多はあらためて言った。甲子園は大々的に報道され、いつの間にか神格化された舞台であるかのように扱われる。だが、あくまでもやっていることは高校生の野球であり、それは選手たちにとって人生の通過点に過ぎないのだと。

闘将・本多利治のエキスが詰まった春日部共栄。その人気の理由が分かったような気がした。

目指すのは「勝つこと」だけではない「身の丈に合った野球」で埼玉、全国を戦い抜く

2008年春のセンバツ準優勝をはじめ、春夏通算4度の甲子園出場を誇る聖望学園・岡本幹成監督。積極的なリクルーティングこそ行わないが、「絆」を重視した選手集めとチーム作りで、安定した成績を残し続けている。就任32年目の指揮官は、今日も「自然体」で選手を指導する。

聖望学園 岡本 幹成 監督

PROFILE

おかもと・みきしげ。1961年6月8日生まれ。大阪府守口市出身。桜宮高、東北福祉大を経て、1986年に聖望学園の野球部監督に就任。1991年に初の県決勝進出を果たすと、1999年夏には甲子園初出場。以降、現在までに夏3回、春1回の甲子園出場を誇る。最高成績は2008年センバツの準優勝。選手との対話を重視し、「身の丈に合った野球」を身上にチームを埼玉県でも屈指の強豪校へと育て上げた。主な教え子に門倉健、小野公誠、鳥谷敬らがいる。

「実はオレね、高校を1回辞めてんねん（苦笑）。だから、山で言うたら裏道から上がってきた感じ。でも、それがあったから高校野球の指導者になっているっていうのは間違いないよね。ひとつでも歯車が狂っとったらこの仕事はしていない。そういう意味ではすごく恵まれたし、ありがたいと思う。結局、それが運命ってヤツなのかもしれんけどね」

自身の人生について、明け透けにそう語る。根っからの明るさが滲み出るにこやかな表情に、親しみやすい関西弁。いつの間にか世間話にすり替わっている会話術は「家の近所によくいる面白いオッチャン」を連想させ、話している相手を自然と笑顔にさせてしまう。

岡本幹成。埼玉の私立校、聖望学園を率いる名将である。

岡本が作るチームは、どこか不思議な魅力を感じさせる。

一般的に強豪私学は、学校でもグラウンドでもスタッフが厳しく目を光らせ、ガチガチの重圧を与える中で選手を鍛え上げている、というイメージを抱かれやすい。だが聖望学園には「適度な緊張感」「自然体」「肩の力が抜けている」といった表現がピッタリと合う。練習の雰囲気も特別にピリピリしているわけではないが、馴れ合いの仲良しクラブのようにユルいわけでもない。打撃練習になると、グラウンドには選手がセレクトした流行りの音楽がBGMとして流れ、和やかなムードになる。だが、打席で打つ選手や後ろで控える選手の顔つきは険しく、純粋に技術を追求していることが分かる。あるいは、選手たちに話を聞いたとき、どことなく砕けた調子ではあるが、最後は少しはにかみながら「ありがとうございました」ときっちりお礼を述べてくる。

もちろん、成果はきっちりと挙げてきた。2008年春にセンバツ準優勝。また夏は3度の甲子園出場があり、最高成績としてはベスト8（2003年）に食い込んでいる。

しかし、それでも毎年の戦力が高いわけでは決してない。中学時代のスーパースター、いわゆる超高校級の選手が何人も入部することはなく、どちらかと言えば「それなりに上手いほう」と評価されるレベルの選手が揃う。選手を集めたくても集められない学校からすればそれでも贅沢な話なのだろうが、じゃあそういうチームは敵わないのかと言うと、聖望学園はトーナメントの序盤でコロッと負けることもよくある。そうかと思えば、優勝候補に名前が挙げられていないときにこそ、勢いでポンポンッと勝ち上がったりする。

野球の現場で取材をしていると、よく「チームというのは生き物だ」という声をよく耳にする。が、それにしても——このチームのつかみどころのなさは異質かもしれない。

「取材とかで、信念は何ですか？　チームの方針は何ですか？　ってよく聞かれるんだけど、何もないんですよ。だって信念や方針を決めるっていうことは、その方向にすべてを傾けて監督の色に染めるっていうことでしょう。オレは自分に色がないから、こういう色にしなければダメだなんて最初から思っていない。今年はこんなヤツらやけどチームはどうなるんかなぁって見ていって、分かってきたら『じゃあこんな感じで行こうか』って。あえて言うなら、その場しのぎ?(笑)。それで勝てることもある、っていうだけの話なんだよね。まぁ考え方としては、無駄な抵抗はよせっていう感じかな。背伸びをしたってしゃあないねんから、身の丈に合った野球をしようと」

岡本がこれまで一貫してきたこと。それは、学校の環境に合った野球部を作ることだ。

聖望学園は1951年創立だが、実はそれ以前に寿多館蚕業学校《すだかんさんぎょう》、飯能実業学校、飯能暁高校という校名で、およそ百年に及ぶ歴史を持っている。当時の経営母体が不況に陥り、日本ルーテル教団の出資によって設立されたのが学校法人聖望学園。これにより、プロテスタント系のミッションスクールへと生まれ変わったのだ。姉妹校には同じ埼玉県内にある浦和ルーテル学院、熊本の九州学院やルーテル学院など。宗教法人ではないから、入学することと信仰することはイコールではない。ただ校内に礼拝堂が設置され、一日のスケジュール内に聖書を読む時間があり、校歌が讃美歌のようなメロディであることを踏まえると、その色合いはやや残している。

野球部の創部は1982年と、学校創立から少し時間がかかっている。そもそもスポーツを強化しようなどという発想を持っていたわけではなく、スタートはほぼ同好会のような状態だった。学校の教職員もみな、根を詰めて何かに取り組むというよりは、全員が一丸となって家族のようにバランスを取っていこう、というスタンス。まして、所在地の埼玉県飯能市はもともと林業が盛んな地域で豊かな自然に囲まれており、のんびりとした穏やかな風土がある。

野球部に求められているのは、そうした雰囲気に合うチーム作りではないか、と岡本は言う。もちろん試合で活躍することは喜ばしいが、じゃあいくら厳しい鍛練を積んで校内でズバ抜けた存在になったところで、おそらく周りの一般生徒たちが「野球部を見習ってビシッと行動しよう」とはならない。応援されるためにはむしろ、やるべきことだけはしっかりやって、あとは為すがままでいいのだと。

実は岡本は就任してから数年間、スパルタ指導に明け暮れていた。ただその当時から、いつも自然体で振る舞えるチームを目指す感覚はあった。練習は厳しいが、高校野球によくありがちな形式美にはこだわらず、髪型なども自由。「そもそもウチのチャコールグレーの制服に短い坊主頭って、なんかアンバランスで気持ち悪いでしょう」と笑う。

甲子園に出場すると、宿泊したホテルの関係者にはよくビックリされるという。朝から晩まで選手のスケジュールを管理し、面会や外出などの時間も規制するチームが多い中、聖望学園は最低限のルールだけ決めておいて、あとはフリー。それまで築いてきた信頼関係のもとに、すべての行動は選手に委ねられる。

「それでもアイツらは無茶苦茶なことはしないし、人生は何が正解かも分からないからね」

岡本はそう話す。高校生なんだから、ちゃんと見せようと過剰に意識する必要はない。周りから「高校生らしいチームだね」と言われることのほうが、よっぽど嬉しいのだという。

「絆」を大切にするチーム作り

岡本が聖望学園に来たのは、1986年4月のことだ。当時は前任の監督がいたのだが、夏が終わると新監督に就任。それ以降、チームは強豪校への道のりを着実に歩んできた。

1989年春に県ベスト8へ進出すると、1991年春にはエース・門倉健（元・中日ほか）、2年生捕手・小野公誠（元・ヤクルト）を中心に県準優勝。さらに関東大会準優勝、夏も県準優勝を果たし、小野が中心となった秋は県ベスト4、翌春には頂点に立った。その後も上位進出を重ね、1999年夏には鳥谷敬（現・阪神）らを擁して甲子園初出場。そして2003年夏に甲子園ベスト8、2008年春にはセンバツ準優勝と実績を残し、2009年夏にも甲子園の土を踏んでいる。

ひとつ、疑問が浮かぶ。選手に一定の実力はあるが、聖望学園がその世代の県内最強と呼ばれることはあまりない。また岡本は、全国各地へ積極的に選手を獲りに行くようなことはしない。ではなぜ、コンスタントに勝てるのだろうか。

その理由は岡本が持つ独特の発想にある。

まずスカウティング活動の現状として、実力や実績のある選手を獲りに行った場合、必ず他の名門チームと競合するものだ。そこでいくら頭を下げてお願いしたところで、最後に決めるのは選手やその保護者、チーム関係者。向こうからすれば多くの選択肢の中から1校を選ぶことになるわけで、それを頼みの綱にするのはあまりにも確率が低い。

だから岡本は、強いか弱いかは抜きにして自分の考え方やチーム作り、目指す野球に好感を持ってくれるチームを探した。そして二つ返事で協力を引き受けてくれたチームを信頼し、その関係者が「岡本さんに預けたい」と推薦してくれた選手ならば無条件にすべて受け入れようと決めた。つまり、同じチームから複数の選手を一気に獲ってしまう。その中には当然、上手い子もいればそうでない子もいるのだが、岡本は「この選手が欲しい」といった要望をいっさい出さない。「○○さんがウチに合うと判断してくれたのなら誰でもいいです」と言い続けた。

その結果、数チームとの付き合いが深くなった。たとえば東京にある瑞穂シニア。鳥谷の出身チームとして知られるが、甲子園準優勝のときなどはエース右腕の大塚椋司（元・JX－ENEOS）にキャッチャーの原茂走、セカンドの高山拓海といった中心選手が同シニアのOBだった。「中学時代のチームメイトが一緒にいれば雰囲気も自然と良くなる」と岡本。各チームとの交流は、こういう形で現在も続く。

ちなみに、こんなエピソードもある。ラグビー元日本代表の川俣直樹は、中学時代に瑞穂シニアで野球をしていた。進学先として希望したのは、兄が野球部員としてプレーする聖望学園。だが岡本は体の大きさと強さに目をつけ、シニアの監督だった小林貞利に「ラグビーをやらせてみたらどうか」と助言。自らが仲介役まで務め、埼玉の強豪・埼工大深谷（現・正智深谷）を紹介する。川俣はその後、明治大学を経てトップリーグの三洋電機ワイルドナイツ（現・パナソニックワイルドナイツ）へと加入し、素質を開花させた。

こうした面倒見の良さは、自身の損得とは別のところにある。だからこそ、だろう。今でも多くの教え子たちがグラウンドや試合会場にフラッとやってきて、岡本が作るチームを力いっぱい応援する。門倉や小野、鳥谷といったプロ選手たちもまた、いまだに岡本のもとを訪れる。

「どんな立場になっても、友達みたいに飲みに行ったりできるのなんて本当にありがたい。普通、高校時代の監督なんて煙たい存在やん。でもみんな、卒業してもちゃんとオレの面倒を見てくれるから（笑）。野球の話？ そんなもんせぇへんよ。特にプロや社会人で野球をやったヤツらはオレなんかより明らかにレベルが上やし、何も言うことないでしょ」

そうやって周りに人が集まってくれることこそ、自分の財産なのだと岡本は話す。

一方で、スパルタ指導をしていた時代の教え子に対しては、申し訳なかったという気持ちがある。当時はチームの草創期。1985年秋に県ベスト8が一度だけあるが、選手たちに本気になって甲子園出場を狙うような上昇志向はなかった。いや、そもそもボールなどの道具が揃っておらず、野球の練習の流れなども知らない状態。特に1年目の選手たちなどは野球経験者ではあったものの、たとえば連係プレーの細かいポイントなども知らなかった。

そんな状況でも、岡本は「俺が絶対に甲子園に連れていく」と誓っていた。当然、お互いの間に歪みは生まれる。だが、まずはチームの認識を変えなければいけない。そんな強い想いがあったから、選手に対してはすべて否定、いわゆる一方通行の指導から入った。怒鳴り散らして文句を言い、やる気が感じられない者は追いかけ回す毎日。グラウンドでは常に「お前らには負けへんぞ」と勝負を挑み、妥協を許さなかった。「今思えばムチャクチャやったし、アイツらは犠牲者だよね」と岡本は言う。ただ、そんな彼らが3年間を必死に頑張ったからこそ、聖望学園の土台が作られた。

岡本が当時の選手たちと話をすると、「スマンなぁ。でもオレも若かったし、あのときは仕方なかったんや」。そのひと言で、なぜか許されてしまう空気がある。一方、向こうは向こうで「昔、監督にこんなことをされたんですよ」と話を面白おかしく誇張していく。そんな関係性でいられるのは、目に見えない信頼感が生まれているからだろう。

時を経て、スパルタ式の指導はどんな理由があろうとも敬遠される時代になった。もちろん岡本の指導も変化しており、「昔はパワーもあったけど今は高校生からしたらオレなんかジジイやし、無謀に怒られへんよね。みんなからは丸くなったって言われるわ」と苦笑する。ただ若者の人間関係が希薄になってきたと言われている昨今、「絆」や「つながり」という言葉が使われれば使われるほど、どこか軽々しく聞こえてしまうのは気のせいか。

本物の「絆」や「つながり」は、必死に感情をぶつけ合わなければ生まれない。

いま、岡本はこんな伝え方で選手たちの感情を揺さぶっている。

「オレはお前らに対して、冷たくなっていると思う。どういうことか分かるか? お前らに厳しくしないっていうことは、何とかして一人前にしてやろうっていう気持ちが薄れてきたっていうことや。昔はランニングをやらせたり、正座させたりしてペナルティを与えて、それでマイナスを帳消しにするような時代やった。でも今はそういう指導もアカンから、減点法で『ハイ、ここまで失敗したからあなたはアウトです』ってシビアに突き放さなければいけない時代。つまり、サッカーのイエローカードみたいにマイナスが累積していって、ある程度溜まったらポンと切られてしまうんや。だからこっちが言ってもやらへんヤツ、能力のないヤツは、自分で努力するしかないねんで」

子どもたちを預かる以上はきちんと責任を持ち、高校3年間を全うさせていきたい。その気持ちは、今も昔もまったく変わらない。

岡本の類まれな感性は、さまざまなテーマの質問に対する答えからも感じ取ることができる。たとえば、子どもが悪いことをしたときにどうやって叱るか、という話題ではこう語る。

「じゃあそれによって捕まったとするでしょう。その場合、ふた通りの方法があると思うんだよね。『そういう悪さをするから捕まるんだ』って怒る人もいれば、『なんで見つかるんだ。見つかるくらいならそういう悪さをするんじゃない』って怒る人もいる。でも最終的には、こんなことやったらアカンねんっていうことだから、答えは一緒。だから子どもによって、どちらの言い方を選択したほうがいいのかは考えるよね」

岡本が信念やチームの方針を問われた際に「そんなものはない」と答えることには、こんな意味が込められている。

「勉強にしても野球にしてもみんな、これまでに教わったことを自分の伝えたい形に変えているだけだと思うんだよね。じゃあ自分に何かがあるのかって言ったら、自分から考えたことなんて何もない。ただ、教えてもらったことをそのまま伝えるだけだったらただのコピーだから意味がないし、上手くいかないとも思うけど、それを自分なりに解釈して、いろんなトッピングを加えてデコレーションして、自分の言葉、自分の感覚に変えて伝える。そうすれば、ズルいけど自分が発明したかのような感じになるやろうと。自分の中にクッションを持っておいて、そこを通らせて初めて自分の言葉になるわけで、そうしないと監督すげぇなって思わせることもできないから選手がついてこないんだよね。もしくは受け売りをするんであれば、『誰々がこう言っていたけどオレもそう思う』っていう言い方じゃないかな」

いわゆる〝イマドキの若者〟は、こういう作業が苦手なのではないだろうか。真面目に物事に取り組むのは良いが、「勉強させてもらいます」と言いながら一生懸命にメモを取る。そのうち、必死に書くことばかりが先行して肝心の会話が疎かになってしまい、人の目を見て話を聞くことや人の近くで雰囲気を感じること、空気を読んで察することなどがなかなか身につかない。そして、いい意味でのズルさがないから、自分なりにアレンジする方法が分からない……。野球の現場はもちろん、一般社会においても、そんなケースはよく見聞きする。

そもそも、「勉強させてほしいって言っている時点で厳しいと思う」と岡本は言う。ひとまずその世界に入ってみて、体験した中で得たものや失敗したものを次に生かす。また、この人はこういう考え方なのかと知り、それに感化されていく。そうやって自然に振る舞う中で自然と覚えていくものこそ、一番の勉強ではないか。本当に大事なことは、メモを取らなくても頭や体に染み込んでいくものなのだと。

そういった人生の機微について、岡本に教えてくれた人物がいる。かつて大阪市立桜宮高校、東北福祉大学で監督を務めた故・伊藤義博だ。

冒頭の言葉にもあった通り、岡本は高校時代に学校を一度辞めている。地元の大阪府内でも名門と呼ばれる私立校。1学年に100名を超える大所帯で、練習も上下関係も厳しい世界だった。入部した時点ですでに気持ちが薄れていて、1年秋の新チームになって線がプツリと切れる。そこからは「ハンドボールでもやろうかな」などと思いながら、友達と遊ぶ日々を過ごしたのだが、1カ月もすると「やっぱり野球がやりたいなぁ」と思い始めた。

ここで縁があったのが、伊藤が率いていた桜宮高校だった。実は中学2年のとき、守口シニアで関西選抜に選ばれるなど実力派の左腕だった岡本は、伊藤から「ウチで野球をやらないか」と誘われている。中学時代の先輩もいるし、公立校だが強豪私学に対抗できる力もある。そんな感覚で入学するつもりではいたのだが、中3になってたまたま受けた強豪のセレクションに受かり、勢いで入部してしまったのだった。

桜宮へ進んだ先輩に野球への想いを明かすと、「ウチへ来いよ。俺が監督に言うといたるから」。そして学校へ通いながら冬にこっそりと入試を受け、岡本は高校へ再入学した。

野球部へ入った岡本は伊藤に実力を見込まれ、外野手兼2番手投手の地位を確立した。ただし、ひとつだけ大きな問題が生じる。高校野球は規定により、通算3年間しかプレーすることができない。岡本は前の学校で1年間の選手登録があるから、桜宮で試合に出られるのは2年夏まで。その日も間もなくやってきて、府3回戦で同年センバツ準優勝、牛島和彦（元・横浜監督）－香川伸行（元・南海）のバッテリーを擁する浪商（現・大体大浪商）に0対3で惜敗。岡本の高校野球はあっさりと終わる。

ところが――運命の歯車が回り始めたのはここからだった。

夏が終われば年齢的には同級生にあたる3年生とともに、岡本も引退するはずだった。しかし伊藤に呼ばれ、いきなりこう言われた。

「お前はこれから俺の手伝いだ。ノックを打ったりとか、そういう裏方の仕事をせぇ」

何とか逃れようと「いやぁ、勉強しようかと思って……」などと誤魔化したが、「うるさい」と一蹴される。そこから岡本は毎日、グラウンドに出てノッカーや打撃投手を務めることになった。人数の少なさゆえ、ダブルヘッダーの練習試合では相手校の了承を得て登板したこともある。そして2年秋、新チームは府大会で準優勝。また3年時は春夏とも上位に進出できずに終わるが、「お前に引退はない」と言われ、卒業まで1年半以上、伊藤の下でチーム作りを見た。岡本にとってはこの経験が、指導者としての原点となっている。

もしも1年間のブランクがなかったら……。岡本は「今の姿は絶対にありえない」と言う。

「正直、やってられるかっていう想いもあったよ。でも自分を拾ってくれたという恩があるし、何だかんだ文句を言っても裏切ることはできないと思っていた。だって向こうからしたら、野球を1回辞めてアウトになっているヤツを受け入れるのなんて面倒やん。それでも、監督は絶対に見捨てなかった。腹立つことはあっても、最後まで親分としてロープは切らないでいてくれたからね。それは本当に大きかったと思う。あと変な話、もしストレートに桜宮に入っていたとしたら、裏方として手伝う期間がなかったことになるでしょう。そうなっていたら監督と深い付き合いにはならなかっただろうし、そこまで大きく恩を感じることはなかったかもしれない。そういう意味でも、恵まれたと思います」

そんな高校時代の記憶。昨今の世間を騒がせた体罰問題は残念だったが、岡本の母校に対する愛情は今も変わらない。聖望学園の帽子は桜宮と同じデザイン。「高校時代に着たユニフォームでまた戦いたいっていう想いは夢としてあるよね」と語る。

学生コーチ時代に確立された野球観

恩師との縁は、実はこれで終わりではなかった。

肩を痛めていたが伊藤に「大学でも野球をやれ」と言われた岡本は高校卒業後、そのツテで東北福祉大へ進む。のちに佐々木主浩（元・マリナーズほか）や矢野燿大（現・阪神コーチ）、金本知憲（現・阪神監督）、斎藤隆（現・パドレスアドバイザー）、和田一浩（元・中日ほか）らを輩出する大学野球界の名門だが、当時はまだ知名度が高いわけではなかった。

1年春のリーグ戦が終わった頃、伊藤から連絡が入った。

「大阪へ戻ってきて、チームを手伝ってくれ」

野球部には伊藤が話を通し、岡本は学生コーチという立場で桜宮の練習を手伝うことになった。ことわっておくが、大学の所在地は宮城県仙台市である。授業は最低限の単位が足りるようにだけ出席し、テストになれば大阪から飛行機で向かった。つまり、基本的には練習がメイン。だから父親にもOB関係者にも、「大学もロクに行かんといつまで野球やっとんねん」と言われた。

ただ、ここで大きなターニング・ポイントが訪れた。その年の秋、府大会を制した桜宮が近畿大会でも準優勝を果たし、翌春のセンバツ出場を当確させたのだ。

当時の大阪はPL学園、浪商、興國、明星、近大付属、北陽（現・関大北陽）、大鉄（現・阪南大高）の〝私学7強〟が中心。公立校の思わぬ旋風に、地元は大いに沸いた。伊藤からは打診を受けたとき、「この学年は力があるからチャンスがある」とは聞いていた。ちょうど体育科が設立されたタイミングに入学した選手たちでもあり、私学を倒そうというハングリー精神もある。だが、まさか自分がそんなチームの指導に携わるとは思ってもいなかった。

1982年春、岡本はコーチとして甲子園のグラウンドに立つ。試合中はスタンドから見るばかりだったが、甲子園練習や試合前などにノックを打ったときの緊張感と感激は忘れない。そして、ハッキリと思い描いた。自分も高校野球の監督になって、甲子園に出てみたいと。

大学4年時に伊藤が東北福祉大の監督に就任したため、コーチ生活は3年ほどで終了した。

ただセンバツに出場した次の学年が春優勝、その翌年が夏ベスト4で、翌々年が秋3位。岡本が関わった世代は見事に桜宮の黄金時代を築いている。勢いに乗って勝っていくチームとは、どんな雰囲気を持っているのか。スター選手がいない中で勝ち上がるには、まずは守れる選手を中心にチームを作らなければならない。そんな野球観は、このときの影響が大きい。

大学野球に戻った岡本だが、依然として丁稚《でっち》のような生活は続く。教職課程を履修しながら「卒業したら地元で就職しようかな」という想いもあったが、それを伊藤に伝えると「お前は就職しても続かんから、とにかく待っとけ」のひと言。さらに手違いなどもあって1年だけ卒業が延びることになったので、高校と大学を合わせて8年間、伊藤の下で学んだことになる。そのうちの約6年半が指導者としての下積み。そして伊藤が「ここへ行け」と紹介してくれたのが、聖望学園だった。

それにしてもなぜ、伊藤は岡本を可愛がっていたのだろう。伊藤が亡き今、その理由は定かではない。ただ岡本は、こうとらえている。

「どうしようもない人間だから、手元に置いておかなければ何をするか分からんと思ったのかもしれない（笑）。まぁ正直、現役時代には監督はとにかく怖いっていうイメージしかなかったんです。でも指導する立場になって接してみると、結構面白い人だなって思ったし、温かさもすごく感じたし、監督が作ってくれた線路には落ちかけても絶対にしがみついていこうという想いはあったかな。だからもう、とにかく必死。勉強しようとか、技術を盗んでやろうなんて気持ちはまったくなかったよね。でもそういう下心がある人って、上の人間に仕えることはできないと思う。そういう意味では何も考えず、とりあえず監督のそばにいて自然と学んでいるっていう感じだったから、一緒にいられたのかなと」

そしておそらく――これはあくまでも想像にすぎないが、伊藤は岡本の性格の部分にも指導者としての資質を見出していたのではないか。

岡本は幼少の頃から、要領の良さを持っていた。小学校時代はクラスの中心におり、物事に対しては何かと先頭を切っていくタイプ。お調子者でそれなりにヤンチャもしたが、不思議なまでに大人にはほとんど見つからなかった。中学時代は生徒会長。友達は多く、それぞれのコミュニティーでうまく立ち回っていた。それはやはり、野球があってのことだという。他のことに興味を持っても、最終的に二択になれば野球を取る。流行りには敏感でありながらドハマりはせず、「野球がやりたい」という柱だけは崩さなかった。さらに高校時代。入学時に伊藤とは「一個下の学年になるけど3年間ちゃんとやる」と約束していた。中学時代の後輩もいたが、岡本は「俺は同級生やから気ぃ遣わんでええからな」と言ってバリアを張らなかった。もちろん実際にはコンプレックスも感じただろうが、「挫折を挫折と思わない節はある」と自身も苦笑するように、そこは持ち前の明るさでカバーした。

世の中には、同じことを言っていても人によって相手の受け取り方が変わることがある。たとえば「たしかに正論だけどあなたには言われたくない」と感じる人もいれば、「分かった、分かった。あなたがそこまで言うなら仕方ない」って思ってもらえる人もいる。あくまでも相手の感覚によるところが大きいのだが、そこをうまく渡っていくためには、自分の中に相手の感情を吸収できるクッションを持っていなければならない。そういう観点でとらえたとき、岡本はどこか笑って許せてしまうような雰囲気を持っている。

岡本の指導を見た関係者は、かつての伊藤の指導にそっくりだと口を揃える。伊藤は岡本に、どこか自分と同じ匂いを感じていたのだろうか。「実際のところ、監督が敷いたレールの上を一生懸命に歩いてきただけで何も意識はしていない」と岡本は言う。ただ、それは楽なことかと言われると、そうとは限らない。誰かが敷いた道の上を行く場合、自分の意思で簡単に辞めるわけにはいかない。また、その人の想いを越えていかなければいけないから、精神的にも苦しい。「たとえば会社でも何でも、世襲制の2代目ってだいたい苦しんでいるでしょう。だから子どもの好きにやらせたい、子どもには子どもの人生があるってよく言うけど、それってある意味では一番簡単なことなんやと。それは選手たちや親御さんにもよく言いますね」

そんな重圧の中で、期待に応えてきた。「まぁ早いうちにドツボを踏んでいるからね。そういう人間の強さなのかもしれない」と岡本は笑う。

2002年、岡本にとって最も衝撃的な出来事が起こった。当時56歳だった伊藤との早すぎる別れだ。

7月末、緊急連絡を受けた岡本は宮城県内の病院へ急行した。もともと病状が思わしくないことは知っていた。と言うのも、その数年前に伊藤の早とちりからたまたま口論に発展したことがあった。「何をそんなに怒っているんだ」と思っていたら、間もなく周りの人間から電話が掛かってきて「実は監督、ガンなんです」と告げられた。すぐに駆けつけると「おぅ、オカモッチャン！」なんて陽気に言うものだから、これは笑わせなければいけないなと感じた岡本は、手術室に入っていく直前には、仲間たちと元気よく「バンザーイ！」と叫んだという。

手術は無事に成功したが、闘病生活はその後も2年ほど続き、ついに危篤状態に陥る。岡本をはじめ、教え子たちは病院やその周辺で夜を明かし、恩師の最期を看取った。

「すごく悲しい気持ちで、逆に涙も出なかった。亡くなったということが自分で受け入れられへんかったんやろな。今でも生きていて、どこかでヒョコッと現れるんじゃないかとか、そんな気がしているんだよね」

岡本は伊藤の口から直接、指導理念などを聞いたことはなかった。ただ、6年半もそばにいれば、言いたいことや考えていることは何となく分かったという。周囲からは「お前は本当に苦労したよな」とよく言われる。だが、自分の中では伊藤と一緒にいて、グラウンドで指導するのが当たり前だった。

すごいと思ったのは、自分ができないことは素直に「できない」と認めるところだ。監督というのは往々にして、すべての物事を自分の考えに基づいて進めたくなるもの。だが伊藤はその分野に詳しい人を呼び、「すみません、私には分からないので子どもたちに指導してやってくれませんか」と頭を下げていた。背伸びをする必要はない。指導者に分からないことがあっても、それは決して恥ずかしいことではないんだ。伊藤から教訓を得たからこそ、岡本はそんな感覚で指導できている。

そして、各地への挨拶回りなどをしっかりと行い、豊富な人脈を駆使して選手たちを先の世界へ送り出していく姿。岡本が聖望学園に来たときなどは、伊藤は陰で埼玉の野球関係者に「岡本をよろしく頼みます」と言って回っていた。誠心誠意を尽くす姿勢には、人間としての器の大きさを感じた。伊藤の墓を訪れると、いつもキレイに整っている。必ず誰かが掃除をし、必ず誰かが花を生けている。それは伊藤が実にたくさんの人から慕われていたという、何よりの証ではないだろうか。

ひとつ、不思議な現象がある。東北福祉大ＯＢには岡本も含めて、高校野球の指導者が多数いる。たとえば当時だけでも、光星学院（現・八戸学院光星）で監督だった金沢成奉（現・明秀日立高監督）やコーチの仲井宗基（現・八戸学院光星監督）、盛岡大付を率いた沢田真一と関口清治（現・監督）。また監督になりたてだった日大山形の荒木準也、健大高崎の青柳博文、花咲徳栄の岩井隆…。ところが、2002年にはどのチームも甲子園出場を逃している。伊藤が息を引き取ったのは8月1日だから、出場していれば球場練習などに備えて関西入りしている時期。OBの間では「絶対に伊藤監督が引き止めたんだ」と伝説になっている。

実は聖望学園が甲子園初出場を決めたとき、伊藤がわざわざ埼玉まで試合を観に来たというエピソードもある。

「この年はね、監督が教え子の試合を観に行くとみんな負けていたの。だからウチが決勝へ進んだとき、OBが止めたらしい（笑）。まぁそれでも振り切って観に来てくれたんだけど、普通、監督ってスタンドの真ん中とかで堂々と見ているもんでしょう。でも、後で聞いたらウチの応援団の中に入って一緒に応援しとったんやって（笑）。ほんで、ゲームが終わって監督の奥さんと会うたから『まさか来ていないですよね』って言ったら、後ろからボコーンと飛び蹴りだよ（笑）。まぁでも、良かったなって言ってもらえて、最後まで気にしてくれて本当にありがたい。オレの野球人生には監督がすべて根っこにあって、甲子園にも行かせてもらったし、準優勝もさせてもらったし、教え子はプロや社会人へ行って頑張っているし、これ以上、何の贅沢を望むのって。やっぱり、伊藤監督はなくてはならない存在なんだよね」

「開き直り」でつかんだ甲子園初出場

以前、岡本がこんな話をしていたことがある。

「甲子園だけが高校野球じゃないんだとか、3年間やって心身を鍛えることが大切なんだとか、よく言うでしょう。まぁたしかにそうなんだけど、でもやっているほうから言わせればウソやと思うんですよ。選手によって価値観は違うかも分からんけど、やっぱり高校野球を3年間やるのは、甲子園に行きたいからっていうのが本心やと思う。厳しい練習に耐えて精神面が鍛えられたとか、肉体的にも強くなったとか、そういうのは後付け。高校野球は基本的に甲子園ありきのモンやと思っているし、それを目標にして頑張ることってすごく良いことなんじゃないのって。で、甲子園に出たことのある人だからこそ、それだけじゃないんだよって初めて言えると思う。だから甲子園出場を決めたときは、これで高校野球は甲子園がすべてじゃないって言えるなぁ、その仲間に入れたなぁって思って、嬉しかったよね」

指導者としても、甲子園は大きなモチベーションになっている。そもそも、桜宮で一度だけ出場している伊藤を越えたい。せめて同じところまでは辿り着きたい、というのが岡本の出発点だ。コーチとして初めてグラウンドに立ったとき、「あぁ甲子園のグラウンドに立っている。

良かったなぁ」という感情が芽生えた。そこにいるだけで十分。そう思わせる場所だった。監督として初めて出場した1999年夏はとにかく緊張したが、2度目からは「普通にやろう」と自分に言い聞かせた。すると選手も力を発揮し、2勝を挙げてベスト8。指導者が「こうしよう」などとあれこれ考えたら必ず失敗し、「もうええわ」という気持ちで臨むと意外に結果が出る。そんな不思議な場所なのだと岡本は言う。

勝利にこだわることに対しては近年、監督のエゴに基づいた勝利至上主義だ、などと批判されがちな傾向にある。しかし、野球部はレクリエーションでやっているわけではないし、一丸となって勝利を目指すからこそ価値があるのだ。選手の可能性を潰している、という声もあるが、そもそも全員が野球の世界で成功することは難しい。ならば、少しでも在学中にいい想いをさせてあげよう。また、そこでの失敗や挫折を教訓にして、次の世界でそれを生かして頑張ってほしい。そんな想いでチームと向き合っている指導者は多い。

聖望学園に来た岡本の当初の目標は、「5年で甲子園を狙えるチームにすること」だった。それができなければ、野球の世界を離れようという覚悟もあった。そしてちょうど5年目にあたるのが、1991年夏のチーム。190センチ右腕の門倉や2年生の小野、「ケガがなければ間違いなくプロへ行っていた」と岡本が評価する一色和也（元・NTT西日本）、同じく社会人までプレーした平義友（元・本田技研）などがおり、歴代で最も実力のある世代だった。

ただ、この年は春日部共栄がいわゆる〝グランドスラム〟を達成。聖望学園は春の県大会と関東大会、夏の県大会とすべて同校に決勝で敗退している。また、次世代もエース・佐藤浩（元・本田技研）と小野のバッテリーを軸に秋春と結果を残すが、甲子園には届かず。この2年間、手応えを感じながらも最後に運をつかむことはできなかった。

ふと疑問に思った。甲子園初出場を果たした1999年夏のチーム。鳥谷などの人材が揃ってはいたが、新チームとなった秋は上位進出を逃している。春には県を制するも、「そこで勢いづくと逆に夏は転びやすい」とも言われていた。ならば、どうして夏も勝ち上がることができたのか。門倉や小野の時代との違いは何だったのだろう。

「ひと言で言うとしたら、開き直りやろうね」

岡本はそう言って笑う。

実はこの時期、学校側の意向もあって、今度勝てなかったらそろそろ監督を交代すると囁かれていた。もともとは上位進出するチームになればいいという期待を受けていたのだが、目標はいつしか甲子園出場へ。就任してから10年を過ぎると、監督人事の話はいよいよ現実味を帯びてきた。

岡本は「どうせクビなんだから、もう勝ち負けなんかどうでもええわ」と考えていた。おそらくこの学年で最後になる。それならいい想い出を作って終わろうと、メンバーをすべて最上級生で揃えた。

全員で頑張って楽しもう。結果は気にしなくていい。そんな感覚で臨んだら、一気に頂点まで上がっていたのだ。この夏は、奇跡的な試合の連続だった。5回戦の大宮東戦は0対2の9回裏に追いつき、延長にもつれ込んでサヨナラ勝ち。続く準々決勝は春日部共栄に9回サヨナラ勝ち。埼玉栄との準決勝では、やはり9回裏に1点差を追いついて延長サヨナラ勝ち。3試合連続の劇的勝利など、後にも先にも記憶にない。そして、決勝では浦和学院に6対2で快勝。

「負けるが勝ち」という諺があるが、まさにその通りだった。

「あのときは本当に自分の集大成だとも思っていたし、勝とうなんて思っていなかった。チームとしてもいい具合に肩の力が抜けていたよね。無欲の勝利ってこういうことを言うんだなと」

さまざまな節目で人に恵まれたという想いがある。だから岡本はチームが勝ったときも、選手がドラフト指名を受けたときも、いつも「自分の力じゃない。選手が頑張ってくれたからですよ」と言う。


しかしながら、運というのは何も持たない人間に向いてくるものではない。

「矢沢永吉が本の中で言うてたんやけどね。人間は誰もが才能を持っていて、その才能に合ったことをやっているヤツがビッグになるんやって。なるほどなぁと思うよね。人間の本質ってそう簡単に変わるもんじゃないし、足の遅いヤツはどんなに頑張ったってオリンピックの短距離選手にはなれない。そう考えると、運とか巡り合わせっていうのも大きいよね。だってオレみたいな性格を許してくれる学校であり、そういう野球部じゃなかったら、すぐにクビかもしれないでしょう」

岡本の才能は何か。それは人の本質をすばやく感じ取り、適材適所に充てて機能させる〝見極め力〟だと思う。

聖望学園は選手のポジション変更、いわゆるコンバートが多いチームとしても知られている。秋にはキャッチャーだった選手が春にはセカンドにいたり、外野手が突然ピッチャーに挑戦することもある。プロで名ショートとなった鳥谷も、中学時代は内野だけでなくキャッチャーもやっていたし、入学時などはセカンド。だが岡本が脚力の強さを評価し、ショートへ固定した。

また、投手の起用や打順に対するこんな考え方も興味深い。

「極端に言えば、ピッチャーは球の遅いヤツから順番に行かないと、代えたところで打たれちゃうから意味がないよね。だから後ろに信用している選手を控えさせておいて、先発には勢いに乗っている選手を行かせる。そのパターンが多いかな。打順に関してはね、ガチガチに固定するんじゃなくて、穴をひとつ作っておきたい。そうすると、困ったときに手を変えられる余裕ができるでしょう。継投を考えている場合なんか、必ずしも先発ピッチャーの打順に2番手を入れなくてもいいわけだから。だから練習試合ではいろいろな交代パターンを試して、どういう使い方が合うのかなって見ています」

こうした感覚は、1999年夏にもピタリとハマっていた。

選手の起用で言えば、この世代は1年秋の県ベスト8、2年夏の西埼玉ベスト4を経験していた選手が多く、野手は充実していた。ただ、投手力は不安。そこでエースナンバーを背負う池田寛史や左腕の今井泰幸が先発し、投手としても最速140キロを超える鳥谷が中盤からロングリリーフするというスタイルが出来上がった。

あるいは、埼玉栄との準決勝。1点ビハインドの9回1死三塁で、岡本は足首の捻挫でスタメンを外れていた今井を代打に起用する。本来はクリーンアップに座っているはずの強打者で、バントなどの小技をするタイプではない。だが、岡本はこんな言葉を掛ける。

「ヤスよ。スクイズのサインを出すかもしれないから、それだけは絶対に頭に入れておけよ」

サインが出た瞬間、ベンチにいた選手たちは思わず「うわぁ」と顔をしかめた。そんな心配をよそに、今井は一発でスクイズを成功。これで同点に追いつき、勝利への道はつながった。

今井を起用した理由。岡本は「自分が手塩にかけて必死に野球をやらせた子って、最後はやってくれるって信じるよね」と話す。そして勝負の懸かった場面では、何も考えずに野生の感覚に頼ってプレーするタイプのほうがいい、とも。

近年、選手たちが自ら考えられる野球こそ理想なのだと語られている。だが実際、頭の切れる選手は結果のことまで考えて計算し、いざ窮地に追い込まれたときには勇気を持ってプレーしにくくなる傾向にある。一方でヤンチャな選手というのは、シビれるような勝負の場面でもお構いなしに強さを発揮する。岡本は、そんな現実も正確にとらえている。

そして、主将に宮崎広春（元・鷺宮製作所）を指名したのも岡本のファインプレーだろう。真面目さもヤンチャさも同居させ、親分肌の気質を持った人物。鳥谷ら能力が高い選手も、「ミヤ（宮崎）が言うなら仕方ないな」と言ってしまう空気を醸し出していた。岡本は言う。

「キャプテンシーって、ただ真面目なだけじゃ生まれてこない。これまで甲子園に行った4つの世代を見ると、やっぱり主将が良くて、チームにしっかりとした柱が立っていたと思う。その中でチーム内の役割分担が自然とできていって、どんどん強くなっていくんじゃないかな。ウチはそれができる前に負けてしまうことも多いけど、序盤でそういうエンジンが掛かっていったときは、フル回転でポテンシャルが発揮されていくイメージがあるよね」

ふと、話をしていて気付かされた。一見すると豪快に見えて、繊細な部分を持つその性格も、大きな才能のひとつではないだろうか。

岡本の選手に対する物言いは、非常にシンプルでストレート。だから腹が立つとき、何となく気に入らないとき、機嫌がいいとき……選手たちはそれを肌で直接感じることになる。

人間だから当然、ちょっとした仕草や態度などについて好き嫌いのタイプもある。岡本はそれを直接、本人に言うこともある。

「特に理由はないんやけど、なんかお前のことは気に食わん」

甲子園ベスト8入りした2003年夏、2年生ながら正捕手だった田島一憲（現・新日鐵住金鹿島）は岡本に「使われたかったらオレに好かれるようにやってくれ」と言われている。「理由はないらしいんですけど……」と先輩に相談すると、「よく分からないけど、とりあえず声だけは出したらいいんじゃないか」。その日から田島はグラウンドで最も元気なプレーヤーとなり、気付けば3年時は主将になっていた。岡本は当時を振り返り、「好き嫌いは感覚でしかないんやけど、多分ね、昔は暗かったんやと思うわ。グラウンドで明るさがない選手は嫌いやから」と言う。

最も気に食わないのはウソをつくことと、何かを指摘されても最後まで観念しないこと。社会に出れば、理不尽なこともたくさんある。そこで大事なのは、まずは相手の意見を聞いて素直に自分の非を認め、そこから「実はこういうことなんです」と自分の意見を出して話し合うことだ。高校生のうちに学ばせなければならないのは、「社会に出て生きていく力でしょう」と語る。こちらが信用できる選手になれるのかどうか。そこに対する嗅覚は、誰よりも鋭い。

「勝つこと」だけに固執しない

数年前、サッカー日本代表・本田圭佑のこんな発言が話題になった。

「ゴールはケチャップみたいなもの。出ないときは出ないけど、出るときはドバドバ出る」

もともと別の選手が使っていた言葉を引用したようだが、その感覚は実は高校野球にも当てはまっていることが多い。

聖望学園の場合、「ドバドバ」とまでは行かないが、甲子園初出場を遂げて以降は少なくとも4年に一度のペースでチャンスの年が訪れるようになった。夏の県大会ベスト4以上だけを見ても、次の通りだ。

2003年夏　優勝
2004年夏　ベスト4
2006年夏　ベスト4
2009年夏　優勝
2012年夏　準優勝
2013年夏　ベスト4

2016年夏　準優勝

さらに2003年秋は県3位で関東大会に出ているし、2007年秋は関東ベスト4でセンバツ出場。チーム力という意味で言えば、2014、2015年も春に関東大会出場を果たしている。

「なんとか一度だけ甲子園に出れば流れが来て、それをモノにすればずっと流れに乗れるってある人から言われたこともあるんだけど、その通りになっているなぁと。要はパチスロで言う〝モード〟に入っている状態で、BAR（小当たり）とBIG（大当たり）のどっちなんだっていう話（笑）。2009年夏なんか絶対に弱いわって思っていたけど、なぜか夏に勝てたから。ただ、毎年同じ人間がいるわけじゃないから、選手によって育て方も野球も変えているのは事実だね。たぶん根っこにはね、譲れないものが何かあると思うねん。でも、それがカッチカチのものだったらアカン。それやと目標に向かって茎が真っすぐ伸びたとしても、風や地震で揺られたときにポキッと折れてしまうからね。やっぱり、その場その場で揺られたらググッと曲がってバランスを取れるようでないと。最終的には曲がったところから元に戻ってくんねんけど、そういう遊びの部分は必要だと思うから、コイツらの場合はこうしたほうがええっていうものを変えているんだよね」

そんな感覚で指導しているから、選手たちも自然体でいられる。

2008年春、聖望学園は甲子園で準優勝を果たした。その快進撃を、岡本は「完全にまぐれ」と表現する。

一般的な格言として、甲子園に行くためではなく甲子園で勝つための練習を普段からしていなければ、甲子園には行けないと言われている。また、全国制覇を目指しているチームでなければ甲子園では勝てない。目標というのは、常に上を見て設定しなければ達成されないのだと。だが、岡本の考えは違う。聖望学園に入ってくる選手は、全国制覇よりもまず「甲子園に出たい」という希望を抱いているケースが大半。であれば、甲子園出場を決めたのならそれでいいじゃないかと。そして勝負はそこでもう終わりなのだから、あとは好きにやればいい。甲子園というのはフェスティバルであり、必ずしも勝利への想いが強ければ勝てるわけでもない。

そもそも、試合が始まれば「勝ちたい」という欲は出てくるのだ。だからこそ勝ちたがるのではなく、勝負は時の運に任せて普段通りに臨んでいく。それが岡本の言う「身の丈に合った野球」でもある。大会中、チーム内では「試合前のジャンケンに勝ったら勝てるぞ」と、盛り上がっていた。実際、準決勝まではジャンケンに勝って後攻を取り続け、ジャンケンに負けて先攻となった沖縄尚学との決勝は0対9で完敗。岡本は「勝負って案外そんなもの。だから勝てたのはオマケみたいなものなんですよ」と笑う。

この世代にはむしろ、大きな失敗がある。センバツでの大活躍によって、注目度は一気に増した。さらに春の県大会でも準優勝を果たし、優勝候補筆頭として夏を迎える。もちろん実力を過信していたわけではなく、岡本も春から「またイチからやり直そう」と言い続けてきた。だが、夏は初戦（2回戦）でふじみ野に8対9と敗れてしまった。今になって思うのは、何だかんだで選手たちは周りの環境に惑わされ、舞い上がって足元を見失っていたのではないかということ。だから、常勝チームがどんなときでも厳しくしつけようとしているのも、気持ちはよく分かるのだと岡本は言う。

特にここ十数年、時代はすっかり変わったと言われている。さまざまな情報が溢れ、物事を簡単に検索、発信できる文化が主流。当然、若者たちの感覚も明らかに変化している。

その中で岡本は、現代の子どもたちをどう捉えているのか。そして、教育についてはどんな考えを抱いているのか。

「今の子は弱いってよく言うでしょう。でも、それは違うと思う。スポーツ選手にしたって体力的にも技術的にも、昔と比べてレベルはすべて上やと思うよ。ただ、世の中の教育のレベルが下がっているんちゃうかな。それは社会全体がそうなっていて、たとえばテレビアニメも昔は巨人の星とか、アタックNo．1とか、柔道一直線とか、根性ものばかりで硬派な感じ。だからスポーツは厳しいもんだって、そういう認識を持っている人間ばかりだったと思うんだよ。

でも今はカッコいい選手が活躍するものが多い。それを見て、カッコいいからっていう認識でスポーツを始める人が多いから、その時点で感覚が全然違うよね」

世間では、若者が空気を呼んで察する力、物事を感じる力も落ちていると言われる。「それは適度なヤンチャや遊びをしていないからじゃないかな」というのが岡本の見解。つまり、ここまでは大丈夫だけどこれ以上やったらダメ、というラインが自分で判断できない。また遊びの内容にしても、コンピュータを相手にゲームをすることが増えてきたから、「人対人」の勝負における読みや勝負勘などは養われない。人を見て行動する。言葉尻をつかんでうまく会話を広げる。そういうコミュニケーション能力の低下もまた、叫ばれているのは事実だろう。

ならば、その対応策は?

「やっぱり、子どもとの距離感じゃないかな」

昔は怒ることによってイメージを作り、「あの人は怖いから言うことを聞いたほうがいい」と思わせていた。だが今は、できるだけ選手たちと関わってやることが大事なのだと話す。

グラウンドに出ると、投手陣がブルペンで投球練習をしていた。そのうちの一人は、故障によってしばらくメンバーを外れていた選手。ようやく投げられるようにはなったものの、まだ本調子には程遠く、「もう俺は使われないだろう」と自覚が薄れかけてきた時期だという。

そこで突然、岡本が言った。

「おぅい！　マネージャー、マジック持ってきてくれ！」

そしてペンを受け取ると、その選手の口元の周りを黒く塗りつぶし始め、あっという間に泥棒のヒゲのようにしてしまった。本人は苦笑し、それを見た周りの選手たちも笑いを堪えながら練習をする。

まるで友達に接しているかのような岡本流のコミュニケーション。そんな関係性の築き方もまた、どこか心地良さを感じさせる。

勝利だけにこだわり過ぎず、「身の丈に合った野球」を身上に、
2008年春のセンバツではチームを準優勝へと導いた

実は伊藤に聖望学園を紹介されたとき、地元にこだわりがあった岡本は「イヤですよ」といったん断っている。だが、結局は伊藤に「伝統も何もないところから始めるのが一番やりやすいんや」と言われて受け入れた。あれからちょうど31年が経った。今はもう、埼玉の地が自分を生かしてくれたのだと思っている。

スパルタ指導については、周囲から散々批判された。また当時の風潮としては、閉鎖的な考え方がまだ残っていた。指導者たちも互いに腹の内を探り合うような関係性だったし、県内出身者ではない岡本に対して県民からの風当たりは厳しかった。

岡本からすれば、「今に見ていろ」という心境だった。引いたら負け。協調性を持って誰にでもいい顔を見せたところで、何をやってもどうせ色眼鏡で見られるのだ。それならば好きにやらせてもらおう。それで勝ったら文句もないだろう、と。

そんな覚悟で臨んでいると、新たな出会いが生まれた。1985年春に埼玉の私立校として初めて甲子園出場を成し遂げた秀明高校の須長三郎。のちに東農大三、埼工大深谷と渡り歩き、本庄第一を2度甲子園に連れていった名将だ。

須長と初めて公式戦で対戦したとき、打線に対して極端なシフトを敷かれ完敗した。もちろん岡本も選手たちの弱点は理解していたが、あそこまで完璧に突かれたら仕方ない。試合後、須長のもとへ挨拶に行き、「ウチの欠点、バッターを見たらすぐ分かりますか」とズバッと聞いたら、すべて説明してくれた。そこから親しく話すようになり、いろいろと話しているうちに「なんだ、野球のことちゃんと分かっているんじゃないか」と認めてもらった。そして「お前みたいなヤツは今まで周りにはいなかった」とも。

後年、須長の発案で埼玉では監督会なるものが結成された。その中でも岡本は存在感を発揮。初代会長の春日部共栄・本多利治、現在の会長である浦和学院・森士、大学の後輩にあたる岩井らをはじめ、多くの指導者と交流を深めている。

「言いたい放題やってんのはオレだけかも分からん（笑）。でも、外様だからこそ言えるっていうこともあるでしょう。オレの役目はそれかなって思ってるからね」

岡本はそう話す。そして今後、埼玉から夏の甲子園優勝校が出ることにも期待している。

では、今後の聖望学園についてはどう考えているのか。

岡本は一度、監督を退いている。それは2012年夏の県大会を控えた時期のこと。かつての教え子が過去に起こした問題が、今さらのように新聞記事で明るみに出た。

実際のところ、監督は不問だったのだが、そのタイミングで自分が指揮を執っていたらチームがバッシングされると思った。だから理事長にも話し、選手たちにも説明して、大会中の采配はコーチの守真基に任せた。結果は県の決勝まで進んだものの、浦和学院に0対4で敗戦。それでも試合後、岡本は「本当に悔しいけれどもよう頑張った」と選手たちを労った。

高校生の指導現場では、こうした問題がついて回る。厳重注意も受けたし、苦楽をともにしてきた部長の表隆則が責任を取って謹慎したこともある。それでも、教師であり監督である以上は子どもたちと誠心誠意、向き合っていかなければならない。岡本はそんな覚悟でいる。

そして——何年先になるのかは分からないが、ゆくゆくはOBたちの手で聖望学園を盛り上げてもらいたいという想いがある。

「甲子園に行きたいっていうのは毎年思っているんだけれども、やっぱり何とかもう1回。チームがどん底に落ちたからって次に渡すのだけはダメだと思うから、やっぱりチームが良い状態のときに渡したいんだよね。そうなればみんな幸せでええんかなと思うし、オレの面倒も見てくれるかなって（笑）。まぁ日本一になれたら死んでしまうかも分からんけど、胸を張って自分の今後のプランを言えるようにはなりたい。そのためにもやっぱりもう一度、甲子園に行きたいんだよね」

埼玉県内ではもうすっかりお馴染みとなった、人間味あふれるキャラクター。そんな指揮官が今度はどんなチームを作ってくるのだろうかと、いつも夏を待ち遠しく感じている。

甲子園8度出場、多くのプロ選手を輩出
それでも「野球がすべてではない」

花咲徳栄のコーチを経て、監督就任初年度に甲子園出場という快挙を達成。以降、甲子園にも度々出場を果たし、ここ数年の安定感は「私学4強」の中でも頭ひとつ抜けている。それでも、監督・岩井隆は「勝利」だけを追い求めない。監督として、教育者として、選手一人ひとりに向き合う指導を今も変わらず続けている。

花咲徳栄

岩井 隆 監督

PROFILE

いわい・たかし。1970年1月29日生まれ、埼玉県川口市出身。桐光学園、東北福祉大では内野手としてプレー。卒業後に花咲徳栄に社会科教諭として赴任し、野球部のコーチに就任。2000年10月に当時の監督、稲垣人司が逝去すると、同校野球部の監督に就任。1年目の2001年夏には初の甲子園出場へと導く。以降、2016年夏まで甲子園に春夏通算8回出場。最高成績はベスト8。教え子にはロッテの根元俊一、オリックス・若月健矢、広島・高橋昂也らがいる。

脳神経系の専門家によれば、人間教育において最も大事なのは大人と子どもがお互いに尊敬、尊重し合える関係でいること。そのための手段として、すべての子どもにそれぞれ依怙贔屓《えこひいき》をすることが非常に有効なのだという。これを高校野球に当てはめると、監督もただチームをまとめるだけでは不十分。できるだけ選手一人ひとりと向き合い、〝一対一〟の関係性を築くことが大事、ということになるのだろう。

埼玉の高校野球界にも、〝一対一〟の指導に情熱を燃やす監督がいる。花咲徳栄の岩井隆だ。

「全体練習が終わってから、お前ちょっと来いって言って室内練習場とかで指導しているほうが、自分が燃えているのが分かるんだよね。二人の空間でこういうふうに投げるんだ、こうやって打つんだって子どもを育てている時間が一番楽しい。だから本当は生涯、コーチでいるほうが合っているんじゃないかな」

そう言ってやや自虐的に笑うが、岩井の手腕によって大きく育てられた選手は数多い。

花咲徳栄は、１９８２年に創立された私立校だ。運営するのは学校法人佐藤栄学園。藍綬褒章を受章した故・佐藤栄太郎が初代理事長として１９７１年に設立した一大グループで、系列校には同じ埼玉県内の埼玉栄、栄東、栄北といった高校や平成国際大学などがある。また佐藤は北海道佐藤栄学園も創設しており、一時は北海道栄もそこに名を連ねていた。そんな学園の勢いとともに、創立と同時に誕生した野球部も少しずつ力をつけ、１９８５年春と１９８６年夏に県ベスト4。翌1987年春に準優勝を果たすと1989年、かつては西東京で創価高校を甲子園初出場に導くなど数々のチームで指導を経験し、また投手育成において評判の高かった名将・稲垣人司を招聘した。ここから品田操士（元・近鉄）、品田寛介（元・広島）の兄弟や池田郁夫（元・広島）、神田大介（元・横浜）といった好投手が次々と生まれ、野手も阿久根鋼吉（元・日本ハム）らを輩出する。そして実力を高めていった花咲徳栄は、もともとコーチだった岩井が監督を引き継いだ2001年夏に甲子園初出場。それも含めてこれまで通算8度の出場を重ね、2003年春と2015年夏にはベスト8まで勝ち上がっている。

現在、埼玉の高校野球界の勢力図は「私学4強」と評される。その中でも花咲徳栄は、3年に1回は必ず甲子園に出場している浦和学院と双璧を成すと見られている。いや、ここ2年間の活躍を見れば、いま最も勢いがあるチームかもしれない。2015年夏から3季連続で甲子園出場。2016年夏は「高校BIG3」の一角として注目されたエース左腕・高橋昂也（現・広島）、主将の岡崎大輔（現・オリックス）らを中心に2勝を挙げて甲子園を沸かせた。また私学4強の指揮官が2017年に迎える年齢を見ると、春日部共栄の本多利治が60歳、聖望学園の岡本幹成が56歳、浦和学院の森士が53歳。47歳の岩井は最も若く、間違いなく今後の埼玉を背負って立つ存在と言える。

岩井の話を聞いていると、それだけで知識がどんどん増えていくものだから、まるでこちらも専門家になったかのような錯覚に陥る。こと野球の技術や試合の流れ、チームのやり繰りなどの話題になると、ずいぶんと細かいところまでこだわって見ているものだなぁと感服する。穏やかに微笑みながらもその表情には深みがあり、目の奥に情熱も感じさせる。

とは言え——情熱のある指導者ならばたくさんいる。そして、卓越した技術論を持つ指導者も同じ。また自身が言うように、ある種の職人気質でもある岩井は、もしかしたらコーチ業のほうが向いているのかもしれない……。ならばどうして、チームをここまで成長させることができたのだろう。

実は数年前まで、花咲徳栄の強みは厳しさに耐えて練習をやり続けられる徹底力だとばかり思っていた。ところが何度も足を運んで話を聞いているうちに、考え方が変わった。岩井の歩んできた人生こそが、監督としての貫録を生んでいることに気付かされたのだ。埼玉を代表する智将が通ってきた稀有な道。そのストーリーを紐解くと、花咲徳栄というチームの本質が見えてくる。

恩師・稲垣人司との出会い

１９７０年、岩井は埼玉県川口市に生まれた。

野球を始めたのは父親の影響だ。本人に野球経験はないものの、『ＯＮ』と謳われた王貞治、長嶋茂雄の大ファン。決して裕福ではなかったが「巨人戦がどうしても見たい」という理由でテレビを購入し、休日になれば岩井を連れて何度も球場に足を運ぶ。だからもちろん、物心がついたときには父親がすでにグラブやバットを用意していた。

岩井は「昔から変わっている子どもだったんです」と笑う。当時は王が本塁打の世界記録を更新するなど時代を席巻していたが、好きだったのは同じ巨人でも高田繁や柴田勲、土井正三。体が小さいこともあって一・二番や六番打者など、つなぎの選手に目がいった。近所のカベに向かってひたすらボールを投げるのが日課で、スポーツは町内会のソフトボール大会程度だ。それでも小学校では一番足が速くて運動神経が良かったから、5年時に少年野球チームから声が掛かる。入団後はすぐ二遊間でレギュラーとなり、中学でも二遊間でレギュラーをつかんだ。

そんな人生を一変させたのは、中学3年時の大きな出会いだった。

岩井は県内の公立校への進学を希望していた。当時の埼玉は公立校が全盛。しかもそのチームは強豪で、長打をガンガン打てるパワー型のスラッガーを重宝する傾向にあった。練習に参加した岩井は「体が小さいヤツはダメだ」と聞くなり、その足で家へ帰ってしまう。そこからは、行動が荒れた。いわゆる〝グレた〟中学生になり、悪い仲間とよくつるむようになった。

「足も速くてそれなりに巧さもあったはずだから、自信はあったんですよ。でも、高校野球では通用しないんだっていうものが現実として見えちゃったし、進学先も決まらなくなって目の前は真っ暗。だからどうしていいか分からなくて、高校野球なんてつまんねぇなと(笑)。もともと理屈に合わないことが嫌いなタイプなんだよね」

そんなときだ。岩井は野球部同期の主将から「創価高校の練習へ一緒に行かないか」と誘われた。創価には当時、その主将の1つ上の兄で同じ中学の先輩が行っていた。もちろん創価に進学するつもりはないが、野球は嫌いではない。まぁ友達の付き合いだからいいか。そんな感覚で岩井はグラウンドへ行く。ここで、恩師となる稲垣と出会ったのだ。

あのときの光景は、今でも目に焼き付いている。

練習を終えると、広島弁の独特な言い回しで稲垣にこう言われた。

「おい小僧！　ちょっと来い！　お前、どこへ行きたいんならぁ」

見るからに強面で、まるで戦国武将のような出で立ち。しかし、岩井は怯むことなく事情を説明し、不満をぶつける。すると、稲垣はこう返した。

「世の中、バカなヤツは多いけど、お前みたいなバカは数少ねぇぞ。体がデカくてバッティングがいいチームは、お前みたいに体が小さい、足が速い、守備がいい、バントができる、盗塁が上手い……そういう選手は欲しくないんだよ。お酒を飲まない人のところにお酒を持っていって飲めって言うのと一緒で、お前のやっていることは世の中の道理に合わないんだ」

そこで岩井は会話に乗っかる。

「じゃあ、俺は使えるんですか？」

「たとえば180センチのヤツがホームを踏んだら2点、160センチのヤツがホームを踏んだら1点っていう競技だったら、お前は要らない。でも野球っていうのは、誰がホームを踏んでも1点なんだよ。それにな。もし戦争になったらお前、大砲ばかりで戦えるか？」

「いや、機関銃とかライフルとか、いろいろ必要でしょう」

そんな回答に、稲垣は言う。

「接近戦になったら自動小銃も要るだろう。野球も一緒。大砲も必要だけど、競ったゲームになったら1点が取れる選手が必要なんだ。だから塁に出られるとか、バントや盗塁ができる選手もいなければいけない。これからは球場がどんどんデカくなってくるから、間違いなく肩が強い、足が速いっていうのは必要。だから、お前は俺の自動小銃になればいいんだ」

これで完全に心をつかまれた。

心機一転、岩井は創価への進学を目指して塾へ通うようになり、家庭教師もつけて学力アップに励んだ。また稲垣が年明けから神奈川の桐光学園へ移ることが判明すると、進路希望を変更。とにかく稲垣の下で野球をしようと必死だった。1985年春、無事に桐光学園へ入学。そして、大きなターニング・ポイントが訪れた。

その日はたしか、6月の暑い日だった。岩井は3年生の主力選手から、「お前も勉強会に来いよ」と声を掛けられた。どうやら稲垣が「岩井も呼べ」と言ったようだが、勉強会は当時、数名の3年生が稲垣に「野球を教えてください」と願い出たことに端を発し、毎週土曜に彼らと稲垣が監督室への泊まり込みで行っていたもの。次の日の荷物も準備して少し遅れていくと、部屋で上半身裸になった稲垣が「ピッチャーの重心移動はこうやって……」などと身振り手振りを交えて必死に説明していた。

「それが野球の技術論の講義だったんです。でも、じゃあなんで自分が呼ばれたのか。今振り返るとオヤジ（稲垣）も当時は50代だったから、ちょうど後継者とか自分の理論を残す人間を探していたんだろうなと。後から聞いた話では、俺のことを指導者にしようとも思っていたみたい。実は稲垣野球の弟子って言われる人たちって、創価のときの小野和義さん（元・近鉄ほか）とか栗山英樹さん（現・日本ハム監督）とかプロ野球選手ばかりで、アマチュア球界にはいなかったんです。投手の作り方、投球フォームの理論体系、打者の作り方、打撃の理論体系……。本当にいろいろなことを教わりましたね」

中国のことわざに『常随給仕』という言葉がある。何ひとつ文句も言わず、師匠に付きっきりで常に仕える、という意味。そして、距離が離れていようとも常に師匠と同じ気持ちを抱く。教え子の中でも、そういう存在が弟子になるのだと岩井は聞いた。「だからお前をそばに置いているんだ」とも言われ、大学へ進んだら今度は何度も「教職を取ってこい」と指示された。4

年時に「オヤッさん、進路はどうしたほうがいいですかね」と訊ねると、「あと10年も20年も生きてないだろうからこっちへ帰ってこい」と言われた。そして1992年4月、稲垣が指揮していた花咲徳栄に採用されて野球部コーチに就任。指導者としても、稲垣と師弟関係を続けることになったわけだ。

岩井が選手として稲垣の指導を受けたのは、実は高2の冬までの1年半ほどしかない。ある不祥事が起こり、その責任を背負う形で稲垣が退任したためだ。

ただ——それでも稲垣が岩井に与えた影響は多大なものだった。

岩井は入学当初、「なんで自分じゃなくて他の選手を起用するんだ」と少なからず反抗心を抱いていた。だが勉強会に参加すると稲垣にどんどん心酔していき、1年秋に「一番セカンド」でレギュラーとなってからは、不満など消え去っていた。

勉強会のある土曜は練習や練習試合が終わると、稲垣がスーパーで食材を買ってきて手料理をふるまってくれる。食事が終わって19時過ぎごろから講義が始まるのだが、終わるのはなんと深夜2時から3時だ。そんな習慣が2年春まで1年近く続いたから、日曜の朝はいつも眠い目をこすっていた。しかし、「それでも楽しかったし、全然しんどくなかった」と岩井は言う。

理論にはものすごく納得させられたし、「同じことを何回聞いてもいいけど、質問しないのはやる気がないっていうことだからダメだ」と言われていたから、分からないことがあればすぐ質問をぶつけた。野球のことならどんなことを聞いてもイヤな顔をせず、すべてが理詰めで「それは何でじゃ」「こう思いました」という会話の繰り返し。解答が間違っていても、分かりやすくシンプルに説明してくれた。

こんなこともあった。講義が終わると稲垣はよく、部屋のテレビで西部劇や時代劇を遅くまで見ていた。選手たちは当然、疲れて眠ってしまうのだが、岩井は稲垣が寝るまで決して寝ようとはしなかった。するとあるとき、登場人物が刀で斬り合うチャンバラのシーンになってこんな質問を受けた。

「この中でな、誰が一番いいバッターじゃ」

何を言い出すんだと戸惑い、「分かりません」と答えると「そんなことがあるか。分からんって言っていたら、他の人は誰もお前のことを信用せんぞ。考えてこい！」。そこから1週間ほどが経ち、岩井なりの考えを伝えると「まぁ30点くらいじゃな」と言って正解が発表された。稲垣いわく、人を斬るにもふた通りの斬り方があり、フィニッシュでスッと外側へ力を抜くような場合は肉を斬っているから悪者は死なない。一方、斬り終えたあとでグッと手首を返している場合は、力が入って骨まで斬ることになるから悪者を倒せるのだと。さらに野球も同じで、肉を斬っているだけではファウルになってしまう。骨まで斬るように、インパクトで手首をグッと入れて打たなければいけないんだと付け加えた。

そして、一度火が点くと話は止まらない。

「バッティングっていうのはな、要はヘッドスピード。ボディービルダーや相撲取りが打てば遠くに飛ぶわけじゃねぇんだ。体が小さくても、線が細くても、ボールとバットが当たる瞬間だけヘッドがギュッと走ればいい。そのときの手首の強さ、握力の強さ。これなんだよ」

岩井は入学時こそ学校の近くで下宿をしていたが、下宿先の人が体調不良になったことで実家から電車で通うようになっていた。稲垣の家は埼玉県東松山市で、途中まで帰り道が同じ。練習が終わるとすぐに着替えて稲垣のバイクの後ろをダッシュでくっ付いていき、電車内で野球談議をするのが日課だった。

日常的に質問が飛んでくるから、気を抜けないという緊張感があった。たとえば「メシ食いに行くぞ」と言われてついていくと、その道中で工事現場の作業員を見つけては「あの中で守備が上手いヤツは誰じゃ」と質問される。土をすくう動きは内野手のゴロ処理と一緒だから、体を低くしてヒザをうまく使っているかどうかがポイントなのだという。質問されて「は？」と聞き返してしまったことがあったが、「お前な。名声がある人に質問して、その答えは明日まで待ってくださいって言われたら、みんなは『なんて慎重な人なんだ』と共感する。でも名声のないお前が聞かれたことに対してすぐに答えられなかったら、誰も信用しないんだ」と窘められた。

「一緒にいることが一番の勉強だったと思います。オヤジに言われたのはね。もう1回ノートを見直してから答えるような時間なんてない。何度同じことを聞いてもいいから、ノートに書くんじゃなくて心臓で覚えろと。でもやっぱり、おっかなかったけどそれでも逃げずに入り込んでいったことが良かったんだと思う。錆びているクギを持ってきてもさ、磁石と何度もくっ付けていたら、そのうちに引っ付くでしょう？　それと同じで、どんなに良い訓えがあっても、しょっちゅう擦り合わせていないと近づけないよね。ビビッて周りから見ているだけだったら、理論も断片的にしか分からなかっただろうし。実は一緒にプロ野球を観に行ったこともあって、あの投手は重心の移動が甘いからボールが高くなって打たれるんだとか、あれだけ体が大きい選手でも前に重心移動して振っているんだから後ろへそっくり返る打ち方はダメなんだとか、やっぱりそこでも技術論（笑）。本当に面白かったなぁ」

当時の桐光学園はまだ創部間もない頃。稲垣の退任後は現在も監督を続ける野呂雅之が指揮を執ったが、岩井の世代は県ベスト16が精一杯だった。だが主将となった岩井は、「月曜日は完全休養日にしましょうよ」と野呂に提案し、月曜になると授業終了後にすぐ稲垣の家へ行って野球を教わっていた。

指導者となった今、こと技術指導においては稲垣の理論が大いに役立っているという。たとえば稲垣の得意分野だった投手育成。岩井は3年夏も「三番ショート」で生粋の内野手だが、稲垣の下にいたからこそ投手を見る目も養われた。

稲垣にこう言われたことがある。

「速い球を投げるピッチャーはどうやって作るんや。共通点は何か」

そこで「肩が強いことですか」と言うと、こう返される。

「速い球を投げるピッチャーの共通点は、腕の振りが速いことだ。腕をゆっくり振って速い球を投げるヤツを見たことがない。と言うことは、これはパワーじゃない。運動神経、反射神経だろう。だから、腕を振る速ささえ上げればスピードは出るんだ。じゃあグラウンドでは何をやらせる？　だいたいの指導者は、投手はランニングが大事だと言う。でも走ることでいい投手ができるんだったら、陸上選手はみんないい投手になれるだろう。もちろん、体を絞ったりキレを出したり精神力を鍛えるために走ることは必要なんだけど、高校野球の2年半でそれを磨くことは難しい。となるとシャドーピッチングだ。寝ても覚めてもシャドーをやって、腕の振りを速くさせないかん」

花咲徳栄のグラウンドでは全体練習の終了後、投手が自主的にシャドーピッチングを行っている光景がよく見られる。稲垣から岩井へ、育成術はたしかに受け継がれている。

31歳で訪れた、突然の監督就任劇

高校を卒業した岩井は1988年春、東北福祉大学へと進学する。ここでもまた、大きな衝撃を受けた。

当時は伊藤義博監督（故人）のもとで強大な戦力を誇っていた時代。4年生にエース・上岡良一（元・日本ハム）、3年生に佐々木主浩（元・マリナーズほか）や大塚光二（元・西武、現・東北福祉大監督）がおり、1学年上は矢野燿大（現・阪神コーチ）ら4名がプロ入りした。そして岩井の同期には、野手に金本知憲（現・阪神監督）、浜名千広（元・ダイエーほか）、伊藤博康（元・巨人ほか、現・東日本国際大附昌平高監督）。投手も斎藤隆（現・パドレスアドバイザー）、作山和英（元・ダイエー）と、プロ入り5名の錚々たるメンバーだった。

なぜそんなチームを選んだのかと言うと、一緒に勉強会に出ていた先輩がいたから。稲垣からは別の大学を勧められていたが、岩井は上下関係が厳しいことに耐えられない性分で、「先輩とケンカして辞めてしまうかもしれませんよ」と言ってワガママを聞いてもらったのだ。

大学では「あぁ、これが本当のトップレベルなんだ」と感じた。肩の強さも足の速さも、自分とは積んでいるエンジンがまったく違う。4年間でベンチ入りしたのは、新人戦の1試合だけ。練習は基本的にレギュラー中心だから、「脇でノックを受けたりする程度で、バットを持って練習した記憶なんてない」と苦笑する。ただ、普通ならばここで不貞腐れてもおかしくないのだろうが、岩井は「高校野球の指導者になるんだ」と目標を早々に切り替えた。

そう素直に思えたのは、人に恵まれてきたからだという。稲垣はもちろんだが、少年野球チームの監督は野球の基礎技術や練習法を教えてくれたし、中学時代の監督にはスパルタ指導で精神を鍛えられた。また、当時の仲間が「お前は高校でも野球をやったほうがいい」と何度も励ましてくれたから道を踏み外さなかったし、野呂もやりやすい環境を作ってくれた。伊藤からはチーム作りにおける育成法や調整法、監督としての立ち姿、ユニフォームの着こなしなどの身だしなみ、学生野球の意義も学ぶ。さらに大学の同期メンバーとも仲が良かったから、試合に出られそうにないと悟って辞める者や幽霊部員になる者も多い中、休まず練習に出続けようと思えた。そして4年春、チームは全日本大学選手権で初優勝。ここで伊藤には「お前たちみたいなヤツらが縁の下の力持ちでいてくれたからみんなが生まれたんや」と言ってもらえた。

身長は大学に入っても伸びず、163センチで止まった。「だから大きいヤツに負けたくないという劣等感はどこかにありますよ」と岩井は言う。だが、それが野球のスタイルにつながっている部分も大きい。

花咲徳栄の打線は狙い球に対する命中率を求め、低くて鋭い打球で野手の間を抜いて全員でつないでいくのが特徴だ。そこに足やバントなどの小技も絡め、ボディーブローを打ち続けて後半勝負に持っていく。理想は毎回1点を取り続け、投手を中心とした堅実な守備で失点を防いで9対0で勝つこと。体の大小にかかわらず、いつでも1点を取れる野球をして、相手に常に重圧を与えていきたいのだと語る。

さて、稲垣に「戻ってこい」と言われた岩井は花咲徳栄の教員採用試験を受け、社会科教諭として野球部のコーチとなる。もともと大学のオフ期間には練習の手伝いにも来ていたし、大学の授業がすべて終わると同時に埼玉へ戻ってきて寮で寝泊まりもするようになったから、自分の中で指導のイメージは湧いていた。

ただ、若さゆえに間違った方向へと突っ走っていたのも事実だ。そもそも稲垣のことを「オヤジ」「オヤッさん」と呼ぶほど慕っており、稲垣が言うことは絶対だという感覚がある。ひと言で表せば、鬼軍曹。稲垣には「コーチっていうのは選手に好かれていてはダメ。監督が何か言う前にコーチが気付いて怒らなければいけないし、監督に怒らせたコーチは失格や」と言われていたものだから、余裕もなく目の色を変えていた。

もちろん、学校の置かれた状況も関係しているだろう。今は学力レベルも上がり、理解力の高い生徒たちが増えてきたから、過敏に目を光らせずに済んでいる。だが当時は理解力も決して高くはなく、ヤンチャ坊主も多かった時代。「根性を鍛え直してほしい」と入部させた親も多く、だからこそスパルタ指導が成立した。

「周りからは『稲垣さんから帝王学を学び……』なんて言われますが、毎日の生活が勝負だと思っていたから、将来は監督になろうとかそんなつもりもまったくなかったんです。寮長を務めて、朝起きて点呼を取ったら掃除と朝食を済ませて学校へ送り出す。授業が終わるといち早くグラウンドへ出ていき、選手たちには『早く出てこい！』と。で、ウォーミングアップからキャッチボール、ノックまでやって、打撃練習中もノックを打ち、気付けば夜21～22時。そこから寮生は食事なんですが、居残りの選手を指名して深夜0時ごろまでまたノックを打って、寮に帰って選手たちと同じ部屋に寝る。ほぼ番犬みたいな感じですよ（苦笑）」

何か問題があったときにすぐ集合をかけ、正座をさせて説教することもよくあった。当時の選手たちも「あのときの岩井先生は本当にヤバかった」と口を揃えている。おそらく、学校側もそんな事情を察知していたのだろう。岩井は2001年春から指揮を執ることになるのだが、役職名は夏まで「監督代行」だった。

その一方で、実は〝親子〟ゲンカもよくあった。稲垣は練習になると基本的に投手を見るため、岩井は野手担当。試合後の反省で「捕手のパスボールが……」と言って岩井と捕手が怒られたときには、岩井も負けじと「どう見たってワイルドピッチだろう」と投手を叱りつけた。

また、稲垣は昔から監督付きのマネージャーを設置しており、序列として部長、監督の次にはコーチではなくマネージャーが来ていた。「そうは言っても高校生だから」という感覚で、あるとき岩井がマネージャーに不備を指摘したところ、稲垣がノックバットを振りかざしながら「ワシが使っているマネージャーに文句言いやがってコラァ！」と、血相を変えて走ってきた。

こんなエピソードもある。

1999年春、県準優勝を果たした花咲徳栄は関東大会で初優勝を果たした。チームの中心はドラフト候補右腕の小澤太一。実は1学年下に新井智（元・阪神）という好投手もいたのだが、稲垣は県大会で頑なに小澤を起用し続けた。岩井の感覚では、夏や次の世代に向けて新井にも経験を積ませたいところだ。まして稲垣はブルペンでいつも、新井の球を見ては「いいボールだな」と言っていた。そこで関東大会2回戦、桐蔭学園戦を前にして、岩井は初めて稲垣に進言する。

「オヤッさん、新井はいつ投げるんですか」

「新井はこっちから獲りに行った選手だから、完璧にしてから出さんと周りが納得せんだろう」

「でも夏の7試合をすべて小澤で行くのは厳しいんじゃないですか。それに来年のことも考えたら、新井は経験もなくエースになっちゃいますよ」

そこで稲垣が折れ、新井が先発することになる。ところが、その新井が乱調で初回に二死満塁のピンチを迎え、稲垣はすぐ小澤への交代を命じる。試合には勝ったものの、岩井が謝ると「だから言ったじゃないか。アイツは未完成なんじゃ」。そこから1週間、お互いに意地になり、岩井と稲垣は口を利かなかった。

「向こうからしてみれば、要はエースが投げていれば気分がいいわけ。で、エースが負けたときは自分の野球が負けたときだから、どんなに調子が悪くても代えない（笑）。関東大会の準決勝と決勝なんて、ダブルヘッダーなのに小澤の完投なんだから。まぁでも俺も性格上、怒られるときは負けだと思っていたからね。このジジイに絶対勝ってやると思っていた。そういう面では一線を引いていた部分もありますね。ケンカ、何回もしたなぁ。まぁでも結構分かりやすい人で、練習メニューを決めるときも『全部好きにやってください』とか言っていると、オヤジがしびれを切らして『おい、うどんでも食いに行くか』って。そこで謝るんですけど、『いいんじゃゃ。ワシは全然気にしとらんから』って、実は気にしているんだよね（笑）」

岩井はそうやって、恩師と過ごした日々を懐かしく振り返る。


岩井が監督になったのは、まったく予期せぬ出来事だった。

２０００年10月15日、稲垣が急性心筋梗塞で逝去。横浜隼人との練習試合中、投手に向かって「逃げたらアカンって言っているだろう！」と叫んだ直後にバタンと倒れた。慌てて救急車を呼んだが、到着したときにはもう手遅れだった。

予兆だったのかは分からないが、秋の県大会準決勝で敗れたあと、稲垣は周囲に「胸が苦しい」と漏らしていた。また持病で糖尿病も患っていたため、月末には検査入院をする予定だった。岩井は稲垣に「休んでください」と話していた。ただ、この日はチームの立て直しを図ろうとした練習試合の1発目でもあり、さらにお世話になった人が来るとのこと。普段、練習試合の場合は9時ごろグラウンドに来るはずが、8時前には来て張り切っていたのだという。

「やっぱりグラウンドに来なければ良かったんだよね……。亡くなったのはウチの一塁側ベンチ。目の前で倒れたんだけど最初はまったく分からなかったし、感情が出ないってこういうことだなと思いました。でね、葬式でもみんな泣いているんだけど、俺は親族の方々と一緒にイスに座りながら平然と挨拶していて、まったく涙が出ないんだよね。でも火葬場に行って、いざ体がこの世から亡くなりますっていう瞬間、焼かれているときに初めて理解して、泣きながら立ち上がれなくなっちゃったんだよ。ここから離れたくないって。オヤジが亡くなったことは、俺にとって本当に大きなことですよね」

余談だが、稲垣の13回忌だった2012年秋、花咲徳栄は関東大会1回戦で横浜隼人と激突する。敵将の水谷哲也からは「俺は20年以上やってきてやっと秋の関東に出たのに、クジを引いたら花咲だよ。こりゃあ絶対に稲垣さんがどこかで見ているな」と声を掛けられた。そして岩井も笑いながら、「クジ引きの箱の中にいたと思いますよ」と返した。試合が始まると、両監督は両手を合わせてスタンドに一礼。ここを7対5で制した花咲徳栄は、強肩強打の捕手・若月健矢（現・オリックス）を中心にそのまま準優勝を果たし、翌春のセンバツ出場を確実にする。めぐり合わせってあるんだなぁ、オヤジはどこかで生きているんだなぁと岩井は実感した。

本筋に戻ろう。

稲垣亡きあと、岩井は31歳で監督代行となった。主将の根元俊一（現・ロッテ）を軸に、エース宮崎浩精や2年生・岩崎英幸の投手陣、2年生の主砲・中矢浩次とのちに社会人までプレーする人材がおり、もともとポテンシャルは高いチーム。春は同校初の県大会優勝を果たすと、関東大会でも勢いに乗って頂点に立つ。そしてそのまま夏も制し、甲子園初出場を決めた。

だが当初、岩井の精神状態はボロボロだった。周囲からは「弔い合戦」「亡き監督のために」という声が聞こえてくる。もちろん、選手たちの気合いも尋常ではない。だからこそ、重すぎる期待に押しつぶされそうで、毎晩ベッドの中で泣いていた。

ある種のノイローゼ状態。そもそも、監督になる心構えさえもなかったのだ。稲垣の下で野球ができればいいと思っていたから、監督業がどういうものか分からず、不安ばかりが先行した。グラウンドに来るのが嫌になり、根元が練習メニューを聞きに来ると「この練習をやらせている時点で俺は負けているかもしれない」と考える。何をするにも怖くて震えていた。

ただ、コーチ時代と比べて、明らかに変わった部分がある。絶対に選手たちにプレッシャーを与えてはいけないということ。それまではプレッシャーをガンガン与え、それを乗り越えたら強くなると信じていた。だが、今の子たちは違う。ビビッて積極性を失ったり、迷って手が出ないことだってあるんだ、と。高校野球の主役は選手であり、スタッフや保護者ではない。その感覚は、就任時から今もずっとブレていない。

「監督は舞台の演出家のようなものだから、それぞれがどういうパフォーマンスをできるのか把握し、その上で手綱を締めたり緩めたり、頑張らせるように促したりすればいい。それは間違えないようにしようと。多分ね、もともと監督になりたいっていう野心があったら、自分の色が表に出てきてダメだったと思う。でもそうじゃなかったし、俺が勝たせたなんて思ったことは一度もない。怖かったからこそ、慎重に考えられるようになったと思うんだよね」

そう言えるようになったのは、ある人物の影響が大きい。

花咲徳栄の初代校長であり、佐藤栄学園理事長の妻でもある故・佐藤照子。夫と同様に藍綬褒章も受けている一方、ベンチには入らないが野球部長の肩書きも持っていた。

稲垣が亡くなったあと、岩井は照子に呼ばれてこう言われた。

「私が見ている野球部は後半に弱いわね。勝っているとオドオドするし、負けていると諦めちゃう。なんでウチの子たちはそうなのかしら。そういう現状を監督としてどうするの?」

岩井は「後半に弱いのは自信がないわけだから、今まで以上に追い込まなければいけないと思います」と答える。と突然、照子の顔色が変わった。

「こんなに必死になってやっている子どもたちを、お前はまだ苦しめるのか！　お前のやりたいようになんか絶対にさせない！　私が作った野球部なんだから、私の言った通りにやってもらうから！」

野球も分からないヤツが何を言っているんだ。内心はそう思った。だが、校長命令だから従うしかない。照子によれば「後半に弱いのは粘りがないんだから走らせなさい」。岩井は「走ったからと言って良い選手ができるわけじゃない」と思っていたが、反論すると「言った通りにやらなかったらクビだからね」と最後通牒を突き付けられてしまった。

岩井は仕方なく、選手たちを走らせた。ダッシュ100本などというメチャクチャなメニューを提示し、毎日ひたすらランニング。ところが、最初は嫌々やっていた選手たちの目つきが少しずつ変わり始める。ツラいときこそ元気を出すようになり、「おっ！」と思っていると、また照子から校長室に呼び出された。

「正月の箱根駅伝に系列校の平成国際大の出場が決まったんだけど、有志で誰か応援に行かなきゃいけないわね」

正月は、多くの野球部にとって数少ない連休。まして照子が学校の役員らも集めてこれ見よがしに言うものだから、岩井も「今回は絶対に従わねぇぞ」と心に決めていた。だが、役員から「ウチは野球部が一番しっかりしているからテレビに映るのにも相応しい」と意見が挙がり、照子も「そぉ?」と言って笑顔。三文芝居につき合わされ、岩井は断り切れずに承諾した。

後になって思えば、この経験こそ大きかった。箱根駅伝の5区、これから山登りに入るという中継地点に着くと、すでに緩やかな上り坂になっていて、近くには雄大にそびえる箱根の山々が見えた。そしてタスキリレーを見た瞬間、思った。彼らはいま、地獄に向かって走り始めたんだな。ウチの選手たちならおそらく、最初から逃げ出してしまうんじゃないか。そうか、校長はツラいことに立ち向かう闘争心を持つこと、苦しいことをみんなで乗り越えることがいかに大事か。一人でも脱落したらタスキをつなげないっていうことを言いたかったのか、と。

答えを言わない人だった、と岩井は振り返る。照子に誘われ、岐阜県の自然あふれる施設「瞑想の森」へ行ったことがある。そこで「この木は何の木?」「この花は何の花?」と矢継ぎ早に質問され、「来月になったらこの花が咲くのよ」などと説明を受けた。それに対し、岩井の返答はすべて「分かりません」。すると、照子からこんな質問を受けた。

「岩井くん、ウチの学校で一番初めに咲く花は何か分かる?」

岩井が「いやぁ……。春だから、チューリップですか?」と返すと、照子はこう言った。

「最初に咲くのは梅よ。2月に梅が咲くから。その後に桜。八重桜。そこからチューリップとかパンジーとかが咲くようになっているのよ。お前はなんにも知らない先生なんだね。そういう先生に教わっている生徒って、不幸よね」

そんな流れがあり、さらに5月。今度は「藤棚にハチが近寄ってきて危ないから、紙に〝ハチ注意〟って書いて貼っておいて」と頼まれた。ただ岩井は藤棚の存在すら知らず、「校長先生、藤棚なんかないですよ」。すると、「藤棚がないわけないじゃない！　行って見て来い！」と叱られた。

「校長先生、満開でした」

そう報告すると、照子は諭すようにこう話す。

「お前はいっつもそうなんだ。周りのことがまったく目に入っていない。野球を教えていても、誰が打ったとか、誰がエラーしたとか、そんなことばっかり。でもそれは野球人としての話であって、高校野球では生徒を扱っているわけだから、先生として全体が見られるようにならないと生徒の気持ちは分からないんだよ。いま手を抜いている生徒なんていないから。勝ちたくてやっているんだから、この子は気持ちが弱いとか、この子はちょっと優しい子なんだとか、そういうものを見極めて、その子なりの言い方、その子なりの采配をしてあげる。チームがちょっと怖気づいていると思ったら、お前が奮い立たせる。そういうことができないとウチの子たちは勝てないから」

そして、最後にこう締め括った。

「あなたが教員として、先生として成長してください」

そこから、岩井は変わった。プレッシャーは相変わらず感じていたが、選手たちには初めて「やれることやって負けたら俺のせいなんだから、それでいいじゃねぇか」と言えるようになった。そして、怒り方も変わる。たとえば守備のエラーを見ても「どうして全員でカバーしてやらないんだ。ミスが出たらみんなで守ればいいだろう」と。岩井は言う。

「自分がまったく気付いていなかったメンタルの部分、高校生の気持ちっていうのを、校長先生が教えてくれた。あの人はもともと道徳の先生なんだよね。だからね、俺は野球経験がまったくない女性に教わったんです。高校野球を」


２００１年夏の県大会決勝は、春日部東に1対0で勝利した。優勝を決めると大騒ぎになったが、岩井の中に流れたのは「あぁ、勝ったんだ。終わったぁ」という安堵の感情だった。

学校に帰ると、玄関のところで照子が出迎えてくれた。「校長先生、ありがとうございました」と泣きながらお礼を述べると、「なんであなたが泣いているの。指揮官が涙を見せちゃダメじゃない。それに、感情が表に出ている間は本当に苦しくないっていうことだから」と厳しさのこもったエール。「今はもう亡くなられたけど、結局1回も褒められたことはなかったなぁ」と岩井は苦笑する。

初めての甲子園は、雰囲気に圧倒されたという。

「内野のフェンスが低くて、浜風が吹いていて、アルプスの大きさや観客数も全然違う。その中で選手がものすごく集中して、独特な緊張感もあって普段は考えられないプレーが出たりする。実は昔からあんまり甲子園には興味がなくて、みんな何で騒いでいるんだろうって思っていたんだけど、実際に行ってみて自分の小ささが分かったね（笑）。もちろん気丈には振る舞ったけど、緊張で序盤は覚えていない。だから、慣れるまでに時間が掛かるところだよね」

初戦は宇部商業に12対0で大勝。2回戦で優勝した日大三に敗れたが、学校の歴史に大きな一歩を刻んだ。そして、ここから花咲徳栄の台頭が始まるわけだ。

ただし、その前にひとつ大きな騒動が起こっている。

甲子園から帰ってくると、間もなく岩井は監督交代を告げられた。そもそも代行だったから従うしかないのだが、稲垣が亡くなったという混乱の中で学園側が次期監督をずっと探していて、お目当ての人物を春先から総監督に就任させていたのだ。つまり上層部からすれば、岩井がチームを甲子園に連れていくとは微塵も思っていなかった、ということ。いったんコーチに戻ることになったが生徒や保護者たちは納得できず、学園側に詰め寄った。

岩井はコーチ時代、稲垣に頼んで選手のスカウティングを始めていた。中学校やシニア、ボーイズのチームを回り、それなりに信頼関係も築き始めた頃。当時の花咲徳栄に来た選手の多くは岩井に声を掛けられており、稲垣の指導を受けたいと入部した選手なのだ。結局は新監督が降りることで騒動が決着。そして、秋の県大会からまた岩井が指揮を執ることになった。

岩井が監督になって、今年で17年目を迎える。最近では『岩井野球』などというフレーズも聞かれるようになったが、岩井は「そんなものは何もないんだよね。いろいろな人に支えられてここまで来たんだから」ときっぱりと言う。

大学の先輩にあたる聖望学園の岡本は、何かと目をかけてくれた。また本庄第一などを率いた須長三郎は稲垣門下生でもあり､岩井は高校時代に須長の家で練習したこともある。そして、岩井が最も意識したのが春日部共栄の本多。同じ東部地区のチームということもあり、春日部共栄を越えることが一つのモチベーションだった。

岩井は本多に積極的に話しかけ、どんどん懐に入っていった。本多には「なんか岩井に吸い取られているような気がする」と苦笑されたが、気付けばよく飲みに行くようになった。

2011年夏、花咲徳栄は決勝で春日部共栄を2対1で下して甲子園出場を決める。試合後、本多が「いつか岩井に負けるときが来ると思っていた」と言うのを聞き、岩井の目には涙があふれた。

疑問がある。選手の質、能力の高さで言えば、稲垣の時代も決して遜色はない。しかも稲垣は試合の戦い方においても、確立した理論を持っていた。だが、上位までは進出しながら甲子園にはまったく絡んでいない。ではなぜ、岩井は勝てたのだろうか。

「よく言われるんですけどね。たぶん変わったところって、選手ではなく生徒として見ているかどうか、だと思います。オヤジは監督業だから野球を教えるのが仕事だし、上手ければあとは何でもいいっていう感じ。でも、俺は教員でしょう。だから、生徒の普段の学校生活とか寮生活も見られる。要はグラウンドでは見せていない素の部分、学校の生徒としての部分を見て、人間性のことをやかましく言うようになったんだよね。あと当然、戦い方の部分で俺は野手出身だから、たとえば投手にしてもオヤジはいい球を投げているかどうかを見ているけど、俺はそんなこと関係ない。今はいい展開だとか、ちょっと状態が悪いけど何とか抑えているなとか、この打者とはタイミングが合っていないよなと、そういう見方だよね。だから、もちろん技術論としては稲垣野球がベースにあるんだけれども、そこに染まらず、勝つためにはどうすればいいかっていうのを基本に忠実にやっているだけ。あとは、こう攻めるんだと言ったらみんながそっちを向く。そこの規律だけは徹底しているし、ハマったときは強いよね」

それが顕著に表れたのが2003年春、2度目の甲子園出場だろう。

3回戦で当時2年生のダルビッシュ有（現・レンジャーズ）を擁する東北高校を下し、準々決勝では東洋大姫路と延長15回、2対2で引き分け。さらに再試合も延長10回へと突入し、最後はエース・福本真史（現・花咲徳栄高コーチ）の暴投で5対6のサヨナラ負けを喫した。それでも相手エースのグエン・トラン・フォク・アンとの投げ合いは、多くのファンを魅了。花咲徳栄の名前を一気に広めることになった。

この世代、結果的に最高成績のベスト8進出を果たしてはいるが、実はチーム結成時は史上最弱と言ってもおかしくなかった。それもそのはず、2001年の騒動を受けて進学を希望していた当時の中学3年生がこぞって進路変更しており、下級生の選手層が薄かったからだ。また福本ら2年生にも有力選手が少なく、ボール回しをさせれば1周もスムーズに回って来ない。ちょっと多めに練習量を積ませればすぐに誰かが熱中症で倒れるため、岩井は「甲子園に行きたい」と言う彼らに「これじゃあ無理。せめてひと冬越えないと厳しいから秋は目指さない」と言い放った。

ただ、主将の川原健太が男気を感じさせる人間だった。岩井が何を言っても、「いや、絶対に俺たちは勝てます」。物理的に無理だと話しても折れず、しまいには「何の根拠があって言っているんだ」と怒鳴った。

ジッと黙って話を待つ彼らに対し、岩井はこう語る。

「じゃあ根拠としては、夏も投げていた福本がいるから投手は問題ないだろう。福本が抑え込んで、打者が1試合に最低でも7～8本のヒットを打って、そこにバントやエンドランや足を使って2～3点くらい取れれば、もしかしたら可能性はあるかもしれない。でも急に打つことはできないから、まずはトスバッティングからやって、ボールをしっかりとらえて左右に打ち分けられるようになったら次にハーフバッティングと、段階を踏んでやっていこうとしているんだ。でもお前ら、すぐ熱中症になるじゃないか。休みを与えていないわけじゃないし、そこは自己管理能力と気持ちの強さなんだから、まずはそこを何とかしてくれ」

選手たちは必死になって、目の前の練習に取り組んだ。合言葉は〝岩井先生がやった通りにやれば絶対に勝てる〟。少しでも気を抜く選手がいれば、川原が「なんで言われた通りにやらないんだ。理論上は勝てるようになっているんだ」とチームを引き締めていた。強豪との練習試合ではなかなか勝てず、福本が投げなければ基本的に完敗。それでも、言われたことだけは何が何でも徹底しよう、という姿勢が感じられた。

迎えた秋、チームは勢いに乗って県決勝まで勝ち上がる。さらに関東大会でもベスト4入りし、センバツ出場を当確させた。驚くべきことに関東大会の3試合中、得点できたのはわずか3イニング。しかもそれがすべて8～9回で、完全に守りで粘って後半勝負というスタイルだった。

記者会見で川原は、「甲子園では関東大会で負けた横浜高校と当たりたい。2回負けたら岩井先生の野球が負けたことになるから、絶対に負けられない」と言った。当時の横浜高はエースが成瀬善久（現・ヤクルト）で2番手が涌井秀章（現・ロッテ）。だが、そんなスターにも臆さない気概があった。

また、甲子園での東北戦。2回にいきなり5点を奪われたが、岩井が「お前らさぁ。ダルビッシュが148キロとか言うけど、その1球を追ったらダメなんだよ。だいたい140キロ前後で来るんだから、スピードはマシンと同じ。ただ、上手い投手だから追っ付けていって、速い球を打つときだけは思い切ってガツンと引っ張れ」と言うと、それを信じて本当に実行してしまった。スコアは10対9。そんな快進撃を見て、岩井は感じた。

「やっぱり1%でも可能性があるならやらなければダメだなって。あのチームでも形になったんだから、何とかなるんだっていうのは浸透しているよね。だから突拍子もないチームにはならないけど、今もコンスタントに何とかなっている。そういう形はできているのかなと思います」


3度目の甲子園出場までは7年の月日が空いた。攻守走三拍子が揃う阿部俊人（現・楽天）などの好素材もいたし、決してチャンスがなかったわけではない。

その間、岩井は結婚して3人の子どもを授かっている。だからと言って、チームを疎かにしたつもりはない。ただ、よくよく考えてみると、寮に住んでいた頃はコーチ時代の延長で選手たちとよく話していたし、エースが風呂に入るタイミングを見計らっては一緒に湯船に浸かってコミュニケーションを取ったりもしていた。それが「甲子園に出た監督」になったことで、いつの間にか選手から遠い存在になってしまっていたのではないか。

岩井は決意した。コーチを間に入れず、自分の手でもう一度チームを作っていこうと。

遠征時は自らバスを運転して選手を送迎し、練習時のノックなどもふたたび自分でやるようにした。引っ掛かるプレーがあればすべて指摘し、ビデオを見ながらミーティングをするときも1球ずつ「この意図は……」と細かく説明するようにした。「子どもたちはイヤだったと思いますよ」と岩井は笑う。ただ、選手と一緒に過ごす時間を増やしたことで、岩井の言ったことがスムーズに浸透するようになった。２０１０年春、センバツ出場。夏は惜しくも逃したが、秋春夏とすべて決勝進出を果たして手応えを感じた。

ある程度の見本を示したから、次のチームではやはり指導者育成も視野に入れて練習をコーチに任せた。だが、秋の県大会初戦で市立川越に完敗。グラウンドに帰ってくると、岩井は選手たちだけでなくコーチも一緒に30周ほど走らせた。

選手たちの本性を見たいとき、岩井はよく集団走をさせる。昔は恐怖心を植え付けることで暴いていたが、今の時代にそのやり方は合わない。面白いもので、うまく行っていないときはそのうちに手を抜く選手や周りの動きに合わせられない選手、不貞腐れる選手が現れ、チーム状態が浮き彫りになる。

足も声も揃っていない様子を見て、岩井は激怒した。さらに、センバツも経験している中心選手の大塚健太朗が不満を態度に出したのを見て、「コーチも一緒になって走っているのにそういう態度を出すってことは、コーチを舐めているんだろう」と雷を落とす。そこから10日以上もの間、岩井は「俺は指導しない」と言って監督室にこもった。

その世代はそれぞれの我が強く、「俺たちは勝てるんだ」という変な余裕から、全員で同じことを徹底できていなかったのだ。お灸を据えたあと、岩井はこう言う。

「強いか弱いかは分からないけど、1%でも可能性があるならやれば良かったじゃないか」

また、大塚には「お前だけの力で勝てるならそれでいいけど、そういうわけにはいかない。チームの中心にならなければいけないんだから、お前が変わらなければダメだろう」と。するとそこから大塚の行動が変わり、チームも変わっていった。10~11月の練習試合は1敗しかしなかったし、冬が明けたら春も夏も県優勝。甲子園では初戦敗退だったが、「やるべきことを徹底しよう」と言って堂々と戦い抜いた。

「やっぱりね、指導者として嬉しいのは勝ったときもそうなんだけど、一番は子どもたちが変わったとき。コイツがこんなこと言えるようになったとか、こんな気配りするようになったんだとか、そういうものが形だけのパフォーマンスにならず、ひと皮剥けたんだなって思えると嬉しいよね。負けたときにも、俺たちはこういうことだけは絶対に守った、こういう部分でまとまったよなって。そんな姿を見るのが、やっていて良かったと思う瞬間かもしれません」

昔は、チームを強くしたい、有名になりたいという想いがあったが、今は違うという。負けるたびに「本当に申し訳なかったな」と思うし、「負けたということは俺がウソを教えちゃっていたのかな」と悩むこともしょっちゅうだ。

それでも、高校生のうちに教えておかなければならないことがある。そう信じて指導に携わっている。いくら野球を長く続けたところで、たいていは30歳までだから、その後の人生のほうが長いのだ。だからこそ、いざ一般社会に入ったときに順応できるように準備しておくこと。そのための判断力、表現力、コミュニケーション力を身につけてほしい。

選手たちには「人との出会い、付き合いを大事にしなさい」とよく言う。また、できるだけ大学へ進学させるために全力でサポートもする。高校卒と大学卒では、後者のほうが明らかに人脈を広げられるからだ。

「どこへ行ったってさ、問われるのは人間性じゃん」

岩井はそう言う。

もちろん、全員が報われることなどはあり得ないだろう。今になっても「岩井のせいで」とか、「3年間怒られてばかりでつまらなかった」という感情を抱いている人間だっている。ただ、20代で気付かなくても、30代や40代になって少し分かってくれるんじゃないか、とも思う。いつ

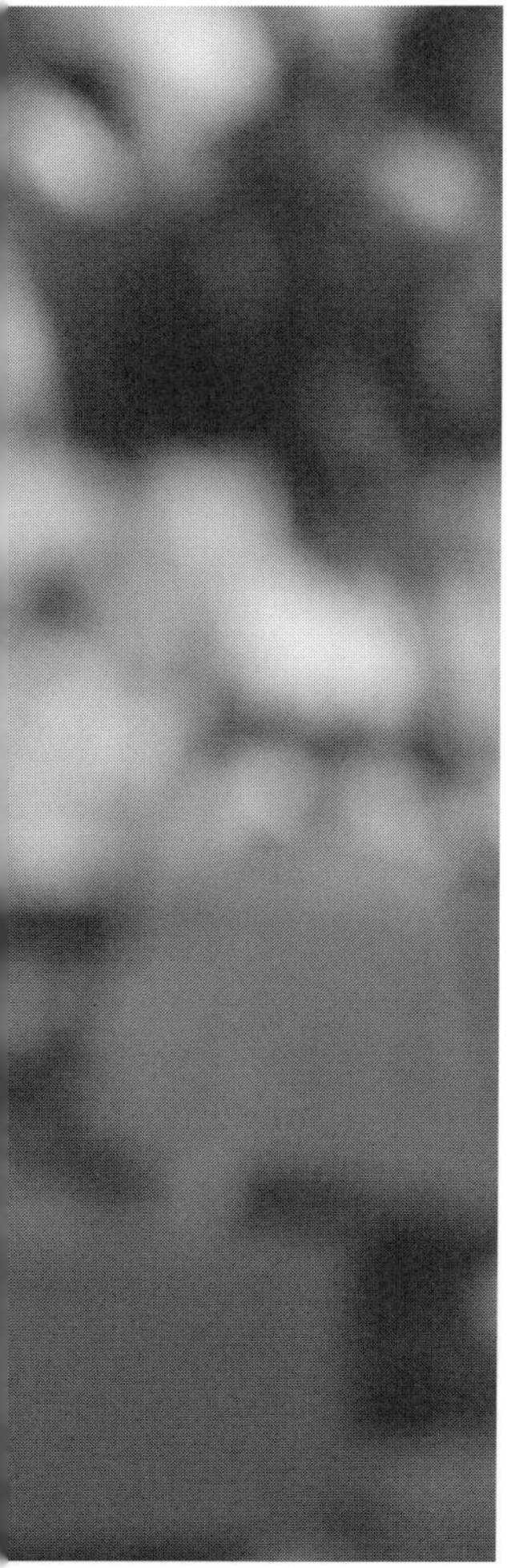

の日か、「あの人のことは苦手だったけど、今思えばこんな人だったよね」と振り返られるようになるだろうし、いつか自分の子どもが生まれたとき、躾《しつけ》をしながら「あれ？　岩井先生と同じことを言っているな」と気付くんじゃないだろうか。

「俺にとって稲垣さんがそうであったように、生徒たちにとって野球のオヤジは俺になるわけだから、帰る場所を作っておくためにもここにいてやらなきゃって思う。それに、ここで始まった野球だから、やっぱりここで成就させなければいけないっていう想いはあるよね」

６年ほど前にＯＢである福本をコーチとして呼んだのも、単純な後進育成だけではなく、そんな意味が込められている。

2016年夏まで甲子園に3季連続出場。花咲徳栄は今、
埼玉高校野球界を牽引する立場になりつつある

選手には「ふつうの子でいてほしい」

ここ数年、花咲徳栄には勢いよく突っ走りそうな予感がある。若月や大瀧愛斗（現・西武）、高橋、岡崎とプロ選手が続々と生まれ、学校名と水色を基調としたユニフォームも甲子園でお馴染みになってきた。

２０１６年夏までの3季連続甲子園出場を経て、岩井の心境にも少し変化が訪れている。

「昨夏の甲子園では高橋の重心移動が物足りなくて軸足の粘りもやや浅かったんだけど、後になって甲子園のマウンドが低くて傾斜が緩やかなんだと知った。8度目の出場で初めて分かったんだよね（苦笑）。だから簡単に行ったみたいになっているけど、まだまだ知らないことがたくさんある。あと、花咲はつなぎの野球だなんて言われてきたけど、甲子園で勝つには破壊力が必要なのかなって思い始めてきたかな。やっぱりバッターはね、手首と握力の強化だわ。ピッチャーが投げる球が１４０キロだったとしても、そこに伸びとかキレがプラスされる。じゃあそれを出すのってどこかと言ったら、ヒジから先でしょう。手首を利かせて、最後に指先でボールを切る強さ。バッターも同じで１４０キロに対応できるスイングスピードにプラスして、手首と握力による払いや押し込みが必要なんだよ。で、たとえば同じ茶碗をガツンとぶつけ合ったら、必ず弱いほうが割れる。ボールとバットが当たる衝撃もそうなんだよね」

勝負にもこだわるし、技術も追求する。その姿はどこか、恩師の稲垣に似てきた感もある。そしてもちろん、理論をもとにした徹底力、目に見えないまとまりや展開の巧さで多少の力の差は引っくり返せる。そんな自信も出てきた。

一方で興味深いのは、どんなに野球部が活躍しようとも、県内で「花咲徳栄＝野球学校」というイメージがまったくついていないことだ。岩井は「それでいいんです」と語る。

そもそも、野球がすべてだとは思っていない。

発達心理学の世界で言えば、高校生は青年期。子どもから大人にちょうど変わっていく時期で、遊びたいけど部活動をやらなければいけないとか、そういった欲求と葛藤の狭間で生きているのだという。それは決して悪いことではなく、悩み苦しむからこそ大人になっていく。そんな時期にあまりにも野球、野球となり過ぎていると、その先のステージに進んでもまだ子どものままでいて自立できないんじゃないだろうか。「ウチは道徳の学校。だから花咲〝徳〟栄なんですよね」と岩井は言う。

最後に聞いてみた。今後、花咲徳栄で3年間を過ごす選手にはどうなってほしいですか？

「普通の子でいてほしいかな。勝ち気であってほしくないし、野心でギラギラしてほしくないし、あわよくばクラスの中で目立たなくてもいい。一般社会に溶け込んでいて、フタを開けてみたら、アイツ野球部だったんだって……。そう思われるくらいでちょうどいい。みんな勘違いしてさ、廊下でもやたらと大きな声で挨拶するんだよね。でも近い距離でそういう挨拶をしたら、普通はうるせぇなってなる。だから、その場の雰囲気を察して使い分けなければ意味がないんだよと。世の中には野球を知らない人のほうが多いわけだし、一般社会では『野球をやっていたからこういうふうにできます』って言えるようにならないとダメだと思うんですよ。だって他の人からしたら、毎日野球をやっている俺たちを見て、バカじゃねぇのって思っていることもあるだろうし。それでも野球をやるっていうのは、人生の修行みたいなもの。武士の〝武〟っていう字はさ、戈《ほこ》を止めるって書くから武器を出さないっていう意味。つまり、黙っていても相手が強いって思ってくれるということでしょう。それと同じで、俺は野球部なんだって威張っているようじゃダメなんだよね」

高校野球は高校の部活動なんだから、学校が認める野球部にならなければいけない。岩井はそう言う。

監督という立場でも決して後ろにふんぞり返らず、教育者としての一面を見せる。そんな指揮官がバランスを取っているからこそ、花咲徳栄は土台がブレずに燦然と輝いていられるのだろう。

「古豪復活」へ。伝統校を率いて34年ぶり甲子園を目指す

1970〜80年代前半まで、埼玉県内で圧倒的な強さを誇った古豪・上尾高校。私立校の台頭で甲子園からは遠ざかっているが、近年は再びその勢いを取り戻しつつある。チームの指揮を執るのは、髙野和樹。自身が高校2年時に出場した1984年夏以来の甲子園出場を目指し、「古豪復活」への階段を着実に歩んでいる。

上尾

髙野 和樹 監督

PROFILE

こうの・かずき。1967年6月5日生まれ、埼玉県秩父郡東秩父村出身。上尾高校時代には1984年夏に背番号12の控え捕手として甲子園に出場。卒業後は東洋大に進学し、1992年4月より鷲宮高校に赴任し、野球部の部長に。1996年4月からは監督として同校を県有数の強豪校へと育て上げた。2010年春に人事異動で母校・上尾に赴任すると、同年夏に野球部監督に就任。甲子園出場こそ果たせていないが、チームを度々県上位に導き、「古豪復活」の旗頭として指揮を執る。

高野和樹はふと「あの年から始まったんだよなぁ」と振り返ることがある。

1985年。春のセンバツには古豪の熊谷商業とともに、私立の新興勢力だった秀明が出場した。さらに夏の甲子園には、やはり私立の立教（現・立教新座）が出場。公立全盛だった埼玉県内において、初めて私立校が甲子園出場を果たした年。翌1986年の夏からは浦和学院が2年連続出場を達成し、強豪私学が覇権を競い合う現在の構図はここから作り上げられていった。

当時、高野は県立上尾高校の3年生だった。上尾と言えば名将・野本喜一郎監督に導かれ、埼玉の高校野球界を牽引してきた存在だ。春3度、夏4度の甲子園出場があり、1975年にはベスト4。高野も2年夏に控え捕手として甲子園を経験しており、主戦投手の池田勉、四番の井孝久、サード小林誠吾、センター小川優と主力が4名残った2年秋からの新チームも、優勝候補と目されていた。

だが、実際は上位にまったく顔を出すことなく夏を終えた。そして、この世代から始まり2016年シーズン終了現在まで32年もの間、上尾は全国舞台から遠ざかっている。

「なぜ負けたか、ですか？　今思えば、やっぱり気持ちの部分でハングリーさが足りなかったんじゃないかな。競り合いの中で落ち着いて戦えたのは良いんだけど、大事に、大事にってどこか守りに入ってしまった気がする。甲子園に出た1学年上の先輩たちは、自分たちは弱いんだって認めた上で開き直る強さがあって、アグレッシブな雰囲気があった。だからね、今も子どもたちには言うんですよ。高校野球っていうのは知らず知らずのうちに周りが見立てを作っていて、この対戦カードならこっちが勝ちそうだって勝手に思ってしまっている部分がある。でも、そこで受け身になるのではなく、攻めの気持ちを忘れてはいけないんだと」

そう話す高野は今、上尾の指揮官として情熱を注いでいる。

高校卒業後、東洋大学を経て教員となった。1992年4月より同じ埼玉県内の鷲宮高校に赴任し、部長として野球部を指導。1995年春の甲子園出場などを経験し、1996年4月からは監督に就任している。ここから何度も県の上位へ導くと、その手腕は広く知られるようになる。そして、2010年春の人事異動で母校へ。夏が終わって新チームからは監督となり、2011年春に県準優勝、関東ベスト8、2012年秋にも県ベスト8。また、評判の高かった昨夏の世代は秋ベスト8、春ベスト4、夏ベスト8と力を示している。

古豪・上尾がいよいよ復活か。そんな期待の声は当然、周囲からたくさん聞こえてくる。ただ──高野には勝敗うんぬんよりもまず、大事にしたいものがあるという。

「人としての在り方、姿勢の部分ですよね。それはその後の人生においても大事なことだし、もちろん上尾のユニフォームを着ているからには、それに相応しいチームにならなければいけないとも思う。それに、高校野球って単純に〝力対力〟の勝負だけじゃなくて、人間的な魅力とか、想いの部分がすごく影響するスポーツでしょう。そういうものを私たちのオリジナリティーとして、伝統の重みにプラスしていきたいんです」

印象に残っている試合がある。

2012年秋、上尾は県大会の準々決勝で浦和学院に敗れた。相手は翌春のセンバツを制することになる絶対的な実力者。だがこの試合、終始ペースを握っていたのは上尾だった。初回にいきなり3点を先制し、1点差に追い上げられるも9回表に3点を追加して6対2。結局、その裏に5点を奪われて大逆転負けを喫するのだが、本物の勢いを感じさせた。

集大成の夏はベスト16止まりながら、「あのときのチームは本当に一体感がありました」と高野は微笑む。主将の田中悠太やショート山口晶也をはじめ、個々の能力もそれなりに高かった。だが、それ以上に評価すべきはスタンドの応援。取りまとめた中村洋介は兄が高野の鷲宮時代の教え子で、指揮官の性格をよく分かっている。自身はケガもあってベンチ入りメンバーから漏れてしまったが、グラウンドで戦う選手に想いを託し、必死に声を張り上げた。

高校野球ではチームによって応援の形は違うが、では素晴らしい応援席とはいったいどういうものなのだろう。ブラスバンドが奏でる鮮やかな音色が鳴り響き、動きも声もビシッと揃ってメリハリがある。そういう観点からすると、上尾の応援は決して美しいとは言えない。それぞれが思い思いに大きな声を出すだけ。統制が取れていない。そんな意見も少なくはない。

しかし、応援はそもそも周りに魅せるためのものではなく、最大の目的は選手たちにメッセージを届けることだ。見た目に整っていなくても、スタンドからの心の叫びが伝われば十分ではないか。試合に出る選手はスタンドにいる選手の想いを汲んでグラウンドに立ってほしいし、試合に出るということは大きな責任、重圧の中で戦わなければいけないのだから、スタンドにいる選手も「試合に出ることは大変なことなんだ」と理解してほしい。高野は「気持ちの部分でベンチとスタンドが一体となって、みんなで戦う。そこについては、埼玉県のどのチームにも負けないでほしいんです」と力強く話す。

幼少期から憧れ続けた「強豪・上尾」

常に多くの人から愛され、活躍を期待されている。上尾の野球部にはそういう空気がある。浦和学院の監督で上尾OBでもある森士は昨春、上尾を破った準決勝の試合後、後輩である高野に思わず「上尾のあの応援、本当にすげぇよ」と漏らしたという。OBには山崎裕之（元・ロッテほか）や仁村徹（元・中日ほか）ら7名のプロ選手がおり、アマチュア指導者でも森や1999年夏に全国制覇を果たした桐生第一の福田治男などの人材を輩出している。

そんなチームには多くの選手が憧れを抱いて入部するが、高野も例外ではない。

高野の出身は埼玉県秩父郡東秩父村だ。県西部に位置する山あいの地域で、幼少時代は川魚を釣ったり、森でカブトムシを採ったりして遊んだ。ただ自宅の庭では父親とキャッチボールをやっており、そこから野球にのめり込んでいく。村で唯一の少年野球チームではさまざまなポジションを経験したが、「うまく行かないことがあると悔しくてすぐ泣いちゃうから、マスクで顔を隠せばいいんじゃないかということで小5から捕手になった（笑）」（高野）という。

上尾との出会いは小学2年時。中村昭（元・巨人）らを中心に2年連続で甲子園出場を果たし、ベスト4へ勝ち上がるのをテレビで見た。特に原辰徳（元・巨人）を擁するスター軍団・東海大相模を終盤の逆転劇で破った準々決勝などは、手に汗を握った。上尾ファンとなった高野は、そこから上尾の試合を欠かさずテレビ観戦するようになる。仁村や福田らがいた1979年夏、牛島和彦（元・中日ほか）―香川伸行（元・南海）のバッテリーが話題となっていた浪商との延長11回の激闘。平安を1点差で下し、2回戦でも帝京と延長12回を戦った1980年春。エース・日野伸一らで優勝候補の箕島に挑んだ1982年春も、よく覚えている。

実際に試合を観に行ったこともある。小学生時代、毎年ゴールデンウィークになると軽く30キロ以上離れた道のりにもかかわらず、父親が県営大宮公園野球場まで連れていってくれた。小4のときからはちょうど上尾の春7連覇が始まっており、勝利を喜ぶのと同時に「本当に強いチームなんだなぁ」と感じた。

だから、進路を決めるのにも時間は掛からなかった。中学時代には正捕手として県大会出場などの実績を残したが、実はエースの立岩真人、内野を守る双子の鶴川仁史、鶴川智史は秀明へ進学。高野もまた秀明から誘われており、話を受けていれば同期4名で3年春のセンバツに出場していたことになる。また高野は当時から身長160センチ強と小柄で、上尾からの誘いはあったものの、周囲には「上尾のレベルに入ったら絶対に通用しない」と反対されていた。ましてや距離を考えれば、自宅から通学するのは難しい。それでもなお、「上尾のユニフォームを着て甲子園に行きたい」という気持ちが勝った。

この決断を支えてくれた人たちがいたからこそ、今があるのだと高野は言う。

中3で上尾のグラウンドへ練習を見学に行ったとき、恩師となる野本から声を掛けられた。

「遠いところからよく来たな。もし上尾でやれるんだったら、他にも遠くから来て頑張っている選手もいるし、頑張れるようにするから」

選手としては元プロ、指導者としても東洋大や上尾高で実績を積み重ねてきた大物にただならぬオーラを感じたが、緊張している高野に対してものすごく気遣ってくれた。

進学が決まると、野本は下宿先を探してくれた。実家にも帰りやすいようにと、場所は電車で同じ路線を通過する川越市内。仁村薫（元・巨人ほか）、徹、健司という3兄弟のいとこでもある1学年上の先輩・仁村武の両親が快諾してくれて、高野は仁村家で暮らすことになった。

仁村一家にもまた、言葉では言い表せないほどの感謝がある。田舎から出てきた見ず知らずの子どもに対し、3年間も生活の面倒を見てくれた。高野はもちろん気を遣ったが、仁村の両親はできるだけ暮らしやすいような雰囲気を作ってくれた。

「親同士でいまだに付き合いがあって、最近も僕の実家に来たみたいです。いま振り返ってみても、本当にすごいなと思いますね。また、武さんとは大学も一緒で、本当の兄貴のような感覚。今でも連絡してくれますし、僕にとっては特別な存在です」

そして高野は、上尾へ送り出してくれた両親への想いも続ける。

「父親は早い時期に親を亡くしていて、若くして働きに出た人生なんです。だから自分の息子には好きなことをさせてやりたいって思っていたみたいで、僕には『お前が上尾に行きたいなら行け』と。母親はそんな父親にいっさい口出しをせず支えるっていう感じなんですが、さすがに引っ越しの荷物を仁村さん家へ運ぶときには泣いていて、僕も部屋に着いたら泣きました。自分で決意したとは言え、やっぱり最初はキツかった。でも、だからこそ絶対に頑張らなければいけないと思ったし、そこで強い覚悟が生まれたんですよね。いま、子どもたちにも言うんですけどね。私学の選手たちって親元を離れて寮に入ったりとか、大きな代償を払う覚悟を持って進学している。その気持ちは僕もすごく分かるんです。だから、相手がそういう想いをしながらやっているチームなんだということを知った上で、『それでも俺たちは負けないぜ』って言えるくらいの想いで戦わなければいけないんじゃないかと。やっぱり、懸ける想いの強い子って必ず伸びると思いますし、ここには幸いにも上尾で野球がやりたいっていう強い気持ちを抱いて来てくれる子が多い。上尾高校が好きで、上尾高校の野球が好きで、その想いは誰にも負けないんだと、そういう気持ちをベースにしてチームを作り上げていきたいんですよね」

現役時代を振り返り、高野は「決して上手くはなかった」と言う。だが、それでも1年秋にベンチ入りを果たし、2年秋からは正捕手で副将。周囲のレベルの高さに圧倒される中で、いかに自分を売り込むのかを考えた。体が小さいのだから、逆にすばやく動けば目立つのではないか。肩には自信があるから、技術面はとにかくボールを後ろに逸らさず、配球にもこだわっていこう。あとは誰よりも元気を出し、誰よりも気遣いをしていく。人の名前は誰よりも早く、たくさん覚えよう。そんな感覚で自分をプロデュースし、特徴を前面に押し出していった。

高野が野本の指導を受けたのは、実際には1年しかない。2年生になった84年春より、野本が浦和学院へと移ったからだ。ただ、わずかな期間でも学んだものの価値は大きかった。

選手からすればまず、野本がベンチにいてくれるだけで安心感があった。試合ではチャンスだろうがピンチだろうが、微動だにしない。どっしりと腰を据えてすべてを受け止め、視野を常に広く持つ。監督とはそうでなければいけないんだ、と高野は感じた。また、野本は練習中も常に一塁側ベンチの一角に座り、動かずにジッと選手たちの動向を見つめていた。基本的に口出しをすることはなく、サングラスの奥の目がどう動いているかも分からない。が、高野は練習後に一塁側ベンチで着替えていると、よく声を掛けられた。

「高野、今日の守備はこういう部分が良かったぜ」

「バッティングだけどな、もうちょっとこうしてみたらどうだ」

内容はいつも、その日にしか起こっていないようなシーン。思えば1年間まったく休むことなく、いつも同じ時間にグラウンドへ来て、いつも同じ場所に座っていた。放っておかれているようで、些細な部分まで選手一人ひとりをじっくりと見ていたんだなぁと感心させられた。

熊谷商業や所沢商業など、当時の名門がこぞって猛練習に励む中、上尾の練習は選手たちが自ら考えて動くスタイルだった。平日練習も決して終わるのが遅いわけではなく、1日練習でも正午スタート。もちろん、もともと能力もモチベーションも高い選手がいたからこそ成り立っていた部分もあるが、ともかく伸び伸びと育てることで各選手の良さを引き出そうとしていたのではないか。

高野は「野本監督の影響を受けている部分は大いにある」と言う。

「僕にはそこまでの器はないので、もちろん同じようにはできません。ベンチでは動きながら指示を出すほうだし、何でも細かく指導してしまうタイプ。ただ、野本さんが常に選手たちと向き合っていた姿勢の部分は、僕にも真似できるところ。また当時を振り返れば、僕は野本さんから声を掛けられるだけで嬉しかった。ですから僕も指導者になって、できるだけ全員に1日1回は声を掛けるようにしているんです。人数が多いので難しいところもありますが、あまり目立たない子や喋るのが苦手な子もいるので、こちらから話しかけることが大事。そもそも野球が上手くて目立つ子だけが役に立つのかと言うと、そういうわけじゃないですから」

野本の後を受けた新井浩（現・伊奈学園総合高監督）もまた、高野にとっては恩師の一人だ。1975年夏、甲子園ベスト4を1年生ながらベンチ入りメンバーとして経験。その後は主将も務めた好素材で、監督就任当時は25歳とまだ若かった。

高野が2年の春、上尾は県大会でコールド負けを喫している。指揮官が交代した瞬間、前年春までの7連覇が途切れた。そもそも、選手たちは野本を慕って来ているケースがほとんど。当然、「上尾はもう終わりだ」という声も聞かれた。ただ、新井はそれでも選手たちにいっさい文句を言わなかった。「僕たちも生意気だったし、この野郎って言いたくなることもあったと思う」と高野は言う。しかし、ジッと我慢して練習を見守り、どっしりと構えて夏を迎えた。

今にして思えば、新井は試合での駆け引きに優れたタイプだった。実は高野は大学野球を引退後、教員採用試験に合格するまでの2年間を上尾のコーチとして過ごしている。そのとき、新井の下で指導のノウハウを学んだ。守備ではピッチドアウトで相手ベンチの出方をうかがったり、攻撃でも打者や走者が相手バッテリーの心理を突いて攻める。そんなベンチワークは当時も冴え、準決勝では優勝候補の大宮東を5対2で下す。決勝は松山に8対2で快勝だった。

余談だが、この試合、高野はかなり複雑な心境で見つめていた。

「相手には面識のあった1学年上の瀧島さん（達也、現・松山高監督）などがいたんですが、ショートの野澤薫が中学時代の同級生だったんです。僕からすれば、わざわざ地元を離れて上尾に行ったのに松山に負けるわけにはいかない、と。でも自分は背番号12でベンチだし、何とも言えない気持ち。勝ったときは嬉しさと同時に安心したのを覚えています」

そして、甲子園だ。

独特の緊張感、足の震え、グラウンドの土の感触、球場自体は広いのにスコアボードが近くに見える感覚……高野は今も、当時の光景を鮮明に覚えている。また、徳島商業との1回戦では9回裏の守備から出場。4対3と勝ち越した延長10回は最終打者を空振り三振で締めており、ウイニングボールを捕っている。3対5で法政一に敗れた2回戦は代打で四球。「こんなに野球のやりやすい場所があるのかって思ったし、あの感動は忘れられない。だから高校野球の指導者をやっている、と言ってもおかしくないですよ」と高野は懐かしそうに語る。

「控え」の立場が「指導者」への想いを、より強くした

1986年春、高野は野本の計らいで東洋大へ入学する。この頃から、「指導者になりたい」という明確な目標が芽生えてきた。

高校では1学年上に主将だった仁村や捕手の都鳥永資、同期にも井や小林などがいて、能力の違いを感じていた。まして当時の甲子園を沸かせていたのは、同い年だったPL学園のKKコンビだ。さらに大学では2学年下に桧山進次郎（元・阪神）。同じポジションでも1学年下には社会人までプレーした黒須隆と吉田良一、2学年下には徳田吉成（元・日本ハム）がおり、レギュラーは獲れなかった。ただ野球は大好きだし、できる限りは携わっていきたい。また、野球に育ててもらったという想いもある。ならば、高校野球の指導者として甲子園を目指しながら、自分が学んできたことを子どもたちに伝えられればいいんじゃないだろうか、と。

ひとつ、大きな経験がある。高野は3年秋からベンチ入りを果たし、4年時は副将となってブルペンのまとめ役を担った。能力が高くない自分にも、生きる道がある。それを感じることができたからこそ、指導者となってからは選手たちに自分の役割は何なのかを意識させるようにしている。レギュラーとして戦うことなのか、代打なのか、代走なのか、守備固めなのか。はたまたブルペンを担当するのか、ベンチ内を盛り上げるのか、スタンドの応援をまとめるのか、

裏方として支えるのか。

大事なのはみんなに認められるかどうか。そんな話もよくする。「元気がある子が良いって言うけど、口ばかりじゃ意味がない。周りはちゃんと見ていますからね」と高野。だからベンチ入りメンバーは投票制にして、全員がしっかりと納得できる選考をしようと考えている。

高野にとっては、東洋大の監督を務める高橋昭雄の存在も大きい。厳しいけれども愛情があり、社会とはどういうものかを教えてくれた。高橋はよく「正義感を持って生きなければダメだ」と言っていた。そして、「思いやりを持って生きなさい」とも。自身も東洋大時代の野本の教え子。高野が上尾の監督になったときは「何か困ったことがあったら俺に何でも言えよ」と声を掛けてくれた。

そんな高橋がこだわっていたのが、高野も重視している姿勢の部分だ。東洋大の野球部員は1年生から4年生まで各学年1人ずつ、計4名が同部屋となって寮生活を送る。そのシステムは「まさに社会の縮図」(高野)。挨拶や礼儀、上下関係の気遣い、時間を守って規則正しい生活を送ること、制服やユニフォームの着こなしなど、細かいところまで徹底された。

また、東洋大のグラウンドはいつ見ても整備が行き届いている。

「悩み事があると足を運ぶんですが、キレイなグラウンドを見るといつも心が洗われる。そして現役当時のことも思い出しながら、やっぱりこうじゃなければいけないよなって思うんです。

東洋大は僕にとって、修行をさせてもらった場所。子どもたちにも上尾のグラウンドがそういう場所であってほしいし、毎日それくらいの気持ちを込めて自分のポジションを整備してもらいたいなと。そういう話は何度もしていますね」

ふと窓の外を見ると、ていねいにグラウンド整備をする選手たちの姿があった。それでも高野に言わせれば、「手を抜いているわけではないけど、まだ甘い」。グラウンドに心から感謝し、本気で向き合うことができるか。高野はそういう気持ちの部分をとことん突き詰める。

指導者人生は1992年春、鷲宮高校への赴任から本格的にスタートした。当時の監督は斎藤（旧姓・新井）秀夫。上尾が甲子園ベスト4入りしたときのセンターで、高野は上尾のコーチ時代から親しくさせてもらっていた。

コーチを務めた2年間では、もちろん野本が指揮した時代と比べて身体能力は劣っていたが、選手たちの吸収力の高さに驚かされた。こちらは「この子を上手くしたい」と思っているが、向こうにも「上手くなりたい」「上尾を強くしたい」という想いがある。その信頼関係が合致したとき、高校生というのはとてつもなく伸びていくものなんだな、と。

指導の楽しさを覚えた高野は、鷲宮の部長になると練習に明け暮れ、選手たちと正面から向き合った。ありがたかったのは上尾の監督だった新井と同様、斎藤も「好きにやっていいよ」と練習を任せてくれたこと。ミーティングで威勢よく「甲子園に連れていく」と言い放つと、合宿所に泊まり込んでは毎晩遅くまでノックを打ち続け、打撃練習にも付き合った。その成果が表れたのが1994年秋だ。伊藤智雄－長谷川大のバッテリーを中心に県準優勝、関東大会でもベスト4に入り、翌1995年春にセンバツ初出場。実質的に甲子園出場を決めたと言える準々決勝では、前橋工業に初回からいきなり先制を許すも、その裏に3対1と逆転。終盤には3対4とされるが、8回裏に2得点を挙げて再逆転。9回表には満塁弾を食らったが、直後に4点を奪い返してサヨナラ勝ちした。

外野のレギュラーだった松浦貴之に、当時の話を聞くことができた。

「高野先生は本当に一生懸命で誠実。僕らの学年では担任もやられていたので、それはより強く感じました。もちろん妥協はしないし、練習は厳しいですよ。特に僕や主将の長谷川は、いつも終電の時間まで残ってバッティングを教えてもらったり、『走るぞ』って言われて一緒にランニングをしていました。常々言われていたのは、一瞬も気を抜くなということと、勝ち負けも大切だけどとにかく自分たちが納得できる野球、いい野球をやろう、と。前橋工業戦なんかはベンチでずっと『絶対に諦めるな』って仰っていて、僕らもなんで諦めなかったのか不思議なくらい、諦めなかった。努力すれば夢が叶うんだなって思わせてもらいましたし、高野先生と出会えたことが一番の財産。これはハッキリと言えますね」

松浦はその後、時を経て鷲宮の外部コーチとして活動。学校の近くの団地に下宿し、選手を呼んで食事の面倒を見るなど並々ならぬ情熱も見せたが、それは現役時代に高野に師事したことが大きい。現在は高野を慕い、上尾の臨時コーチへ。「投手は彼に見てもらっています。来てくれて本当にありがたい」と笑顔を浮かべる高野とは、今も太い信頼関係でつながっている。

「打倒私学4強」を目指し、1984年夏以来の甲子園出場へ——。
埼玉の古豪・上尾の戦いは今も続いている

高野の情熱は監督となった1996年以降も変わることなく、チームは確実に鍛えられていった。その年の秋には県ベスト8。翌1997年春もベスト4に進出すると、1998年秋にはエース菊地将悦や主将の尾崎正大、1年生ショートの西谷尚徳（元・楽天ほか）らで県優勝を果たした。それからもコンスタントに上位へ進出し、増渕竜義（元・ヤクルトほか）が入学した2004年以降はさらに勢いを増す。同年春が県準優勝、2005年春が県ベスト4、2006年春が県優勝。3年連続で春季関東大会に出場し、増渕が3年生だった2006年夏も県準優勝と、甲子園出場にあと一歩まで迫った。

もちろん、近隣の中学生に声を掛け、能力の高い選手が集まるようになってきたという現実もあるだろう。ただ高野が最も重視するのは、自分が作るチームの雰囲気に合っているかどうか。言動や姿勢などを見てチームに肌が合うのかどうか、その感覚はいつも研ぎ澄ませていた。

たとえば西谷は中学時代、センスがあったが小柄で線が細く、もともとプロへ行くほど注目を浴びていたわけではない。縁を結んだのは上尾の1学年先輩で甲子園出場時の「三番ライト」だった高柳豊。地元で少年野球を指導していたときの教え子として、たまたま連れてきた。練習を見るなり、西谷は「僕はこういう野球がやりたかった」。そして他の強豪からも誘われていた中、鷲宮を選んだ。その後は明治大や大学日本代表で主将を務めている。高野は言う。

「野球が上手いからって胸を張るのと、組織の中でリーダーシップを取るのとは違う。西谷は肩書きが何もなくても、チームの中で一生懸命にできる子だった。同じく鷲宮の野球を気に入ってくれた増渕にしてもそうだし、僕は上尾に来てからもその部分はしっかり見るようにしています。正直、甲子園出場やその先の進路を視野に入れたとき、他の高校へ行っても仕方がないなって思うところもあるんですよ。ただ、そんな中でも強い信念を持ってウチを選んでくれた子がいるし、そういう子たちでトップを獲りたいっていう想いがある。また、それがダメだったとしても、彼らがそういう野球を体現してくれればいいなと。自分たちのやっている野球が好きであること、目指しているスタイルに誇りを持つことが一番大事だと思うんです」

10年春から上尾に赴任し、その想いはあらためて強くなったという。

秋の新チームから監督に就任すると、翌春にはいきなり県準優勝。主将の新井拓也を中心にして高野に何度も食らいつき、まさに一丸となって戦った。その2つ下が先述の田中や中村らの世代。センバツ21世紀枠候補校に選ばれるなど大きく期待された昨夏のチームにも、主将を務めた増田陸をはじめ、気概のある選手が多かった。

高野が率いるチームの大きな特徴。それは、ミーティングの密度の濃さかもしれない。

高野は「どうしても話が長くなっちゃうんですよね」と頭を掻く。ただ、上尾の野球部員は「ミーティングこそ大事な練習」と位置付けている。物事の考え方を養うためにも、ただ連絡事項を報告する場であっては意味がない。ひと昔前であれば、監督の発言に対してとにかく「ハイ！」と返していれば良かったのだろうが、本当に真意が伝わっているかというと難しいだろう。だからこそ根気強く何度も同じ話をして、「お前はどう思う?」と会話のやり取りをする。ときには選手が「いつもうるさいなぁ」と思うことだってあるかもしれない。だが、それでもなお細かい部分にこだわり、毎日ていねいに向き合おうとしている。

そういう姿勢を見せることで、少しでも想いが伝わってくれればいい。高野はそう話す。

「一人ひとりに声を掛けたり、日誌をしっかりチェックしたり。そういうやり取りをていねいにしなければいけないって思うんですよ。高校生って敏感な年代ですし、彼らを見てあげることが僕らの一番の仕事。たとえば不祥事だってどこの学校にも起こり得る問題だろうし、そういう部分は紙一重でもある。命を預かっているわけですから、健康面であったり、姿勢をきっちりと正して戦いに挑むことだったり、そこを大事にするっていうのは譲れないですね」

監督である前に教員であり、選手である前に生徒なのだ。だから高野は、子どもたちに「監督」と呼ばせたことは一度もない。

高野は「僕が監督じゃなければ、もっと勝っていたのかもしれませんよ」と苦笑する。たしかに校風としてはやや自由な雰囲気もあるし、いわゆる現代っ子の気質を考えれば、高野のように細かい部分まできっちりと正していくよりは、伸び伸びとやらせるスタイルのほうが合うのかもしれない。だが、高野の周りはいつも、温かみのある人間で溢れている。部長の神谷進は1982年春の甲子園出場時のマネージャー、ヘッドコーチ役の副部長・片野飛鳥は2000年夏の主将で、ともに母校を愛するOBだ。グラウンドには古くから上尾を知る関係者はもちろん、新井ら若手OB、また松浦のように鷲宮時代の教え子もよく訪れる。指導に正解などはない。ただ、結果だけじゃない部分——上尾の3年間で何を学んで卒業するかという点において、選手たちが高野という人間と触れ合うことにはすごく価値があるような気がする。

監督として大切にしている「選手との距離感」

取材中、2名の選手が「こちらをどうぞ」とアイスコーヒーを持ってきてくれた。ところが、注いでいたのはホット用のカップ。高野は「普通、コップだろう」と笑いながら、こんなやり取りを交わした。

「でもまぁ、お前らのセンスだからなぁ」

「ハイ（笑）」

「手、ちゃんと洗ったか？　まさか毒入りじゃないだろうな」

「ハイ、大丈夫です（笑）」

「まぁ愛情がこもっているから大丈夫だろう。ありがとう」

彼らがニッコリとしながら練習へ戻っていくと、高野はこちらへ向き直って言った。

「こういう会話も自然で、いいんじゃないかと僕は思うんですよね。もちろん大人として距離を取る部分もあるけど、子どもたちもそんなに失礼なことをやるわけではないので。ただ、世の中のことはまだ分かっていないから、そういう部分は徹底して教える。そのあたりのバランス、さじ加減、タイミングの見定め方っていうのは学んできたものがありますね。昔は許せない部分があったからガンガンやっていたけど、そういう意味では年齢を重ねてちょっと優しくなったかもしれない（笑）。僕って厳格な人間に思われているようなところもあるんですけど、意外といい加減なんですよ」

選手たちには、人として自然な振る舞いができる人間になってもらいたいという想いがある。たとえば、グラウンドでの全力疾走。近年は何でもかんでも一生懸命に走っていれば「高校生らしい」と評価される風潮にあるが、高野は「その姿勢を無理に強いたくはない」と言う。もちろんダラダラと歩いていれば指摘するが、ただのパフォーマンスとして形式的になるのは本意ではなく、普通でいいところは普通にしていればいい。また挨拶ひとつ取っても、大きな声を出すことがすべてではなく、軽く会釈して終わったほうがいい場面だってある。そうした空気を読む力、大事なところとそうじゃないところで使い分ける力を身につけてほしいのだと。

「男と男の戦いじゃないですけど、いい雰囲気で試合がしたいんです。そして良い結果が出なくても、やってきたことに誇りを持てるような生き方をしてもらいたい。でもやっぱり結果としては、上尾を全国へ押し上げたいとも思っている。こういう子どもたちが甲子園に出るのに相応しいんだって言えるように、何度もチャレンジしているところですね」

毎年の積み重ねによって高野の感性も浸透し、上尾は軌道に乗ってきた感がある。ただ、その一方で「あと一歩で勝ち切れない」というイメージもある。特に増田らのチームは公式戦3大会ですべてベスト8以上へ進んだものの、敗れた相手は秋が花咲徳栄、春が浦和学院、夏が春日部共栄。埼玉で頂点に立つためには、強豪私学との戦いを乗り越えなければならない。

高野は選手たちによく「野球は個人スポーツなんだ」と言う。チームの一体感を目指すという部分とは矛盾するかもしれないが、まずは個々が粘り強く戦う。その力が合わさってこそチーム力になるのであって、サード正面のゴロが飛んだらサードしか捕れないし、マウンドには一人しか立てないし、打線だって9人並んではいるが、打席では投手と一対一の勝負になるのだ。つまり、野球のプレーというのはその瞬間にどういう姿でいられるか、どういう反応ができるかがすべてだから、個が伸びていかなければダメなんだ、と。

「今思えば鷲宮時代も（増渕）竜義の3年夏、準々決勝で春日部共栄、準決勝で聖望学園を破って、でも決勝は浦和学院に負けた。3つを連続で倒すことの苦しさを僕が知っているだけに、経験したことのある強みもあるけど、逆に慎重になるから勢いが生まれない部分もあるのかもしれません。じゃあウチが何で対抗していくのかって言ったら、やっぱり考え方や取り組む姿勢はどこにも負けないっていう強い気持ちなんです。能力の高い選手との勝負で勝つには、ある程度の技術や体力がなければ厳しいものだし、中途半端に戦ったら恥をかいて終わってしまう。それに、何かを期待してあちこちから球場へ足を運んでくれるお客さんにも失礼だろう、と。だからこそ普段からしっかり取り組まなければいけないし、想いはハンパじゃいけない」

16年秋、上尾は北部地区予選の初戦で鴻巣高校に1対4で敗れた。高野は選手たちに言った。

「一つも勝てなかったから最下位。でも、それでいいじゃないか。負けたのは現実のことだし、それを踏まえてこれからどう戦っていくのかが大事なんだから。ある意味、できなかったことができるように努力していく過程だとか、楽しみもある。それを目指してやっていこうぜ」

見たいのは夏、選手たちが本気になって取り組む表情だ。そこに甲子園出場という結果がついてくれば——。

最高の瞬間はぜひ、この目に焼き付けたいと思う。

母校を率いて、甲子園へ。試行錯誤を繰り返し、チーム作りに奮闘中

「松坂フィーバー」に沸いた1998年夏の甲子園。
西埼玉代表として甲子園に旋風を起こした滑川高校を率いたのは、
当時31歳の瀧島達也だった。
あれから19年——瀧島は母校・松山を率いて、再び「公立、甲子園出場」の道を歩み続けている

松山 瀧島達也 監督

PROFILE
たきしまたつや。1966年9月7日生まれ、埼玉県川越市出身。高校時代は松山高でプレー。日本大学で教員免許を取得し、卒業後は川本高校を経て1996年に滑川高校（現・滑川総合高校）へ赴任。1998年夏には赴任3年目、31歳の若さで同校を甲子園へと導く。2009年には母校・松山高に赴任し、翌2010年より野球部の監督に。自身が出場した1998年夏以来の、「公立校、甲子園出場」を目指す。滑川高時代の教え子には久保田智之がいる。

「もちろん試合に勝とうとはしているんだけれども、実際に勝っちゃうと、あまりにもコトがデカすぎて現実味はまったくないんですよ。先のことなんか見えていないし、優勝インタビューで何を話したらいいかも分からない（笑）。だから、もし自分が2回目の甲子園に行けたら、今度はどういう感覚になるのかなって楽しみにしているんですよね」

瀧島達也はそう言いながら、かつての快進撃を回想する。

1998年7月。夏の甲子園の第80回大会を記念して埼玉県勢には2校の甲子園出場枠が与えられたが、そのうちの1つを決める西埼玉大会で大きな旋風が起こった。主役は滑川高校。比企郡滑川町にある県立校で、現在は吉見高校との合併により滑川総合高校と名称が変わっている。当時の滑川と言えば「野球が強い」などというイメージはなく、夏の公式戦通算勝利数も両手で数えられるほど。この年代も秋は何とか県ベスト16に入っていたが、春は早々に敗退していた。だが、夏はあれよあれよという間に上位まで勝ち上がり、決勝では川越商業に1対0。まったくの無名校ながら初優勝を飾り、一気に注目を浴びたのだ。

その勢いは甲子園でも止まらず、1回戦で境、2回戦では富山商業を撃破。3回戦ではセンバツ準優勝右腕の久保康友（現・DeNA）を擁する関大一に完敗するが、当時はいわゆる「松坂世代」で高校野球史上最高レベルとも言われた年。横浜高校の松坂大輔（現・ソフトバンク）を中心に、のちにプロで活躍する選手が多い中でのベスト16だから、相当な快挙と言える。

このときに指揮を執ったのが、当時31歳の瀧島だ。前任校で6年勤務したのち、監督として赴任してまだ3年目。だが、若き熱血漢が作り上げるチームには、どこか親近感が湧いた。

勝因について、瀧島は「運と歯車です」と言って笑う。柱としてはエース右腕の小柳聡、捕手でリリーフも務める久保田智之（元・阪神）がいた。しかし決して人材が揃っていたわけではなく、久保田にしても強肩だが中学時代は非レギュラー。だから基本的にはバッテリーを中心にしっかり守り、足を絡めながら何とか点数を取っていくスタイルになる。

それだけならば一般的なチームと何ら変わりないが、特筆したいのは瀧島と3年生との間に大きな結束力があったことだ。瀧島の監督就任時、最上級生はわずか3名で主力は2年生だった。ところが新チームになり、「度胸があって野球をよく分かっている」という理由で瀧島は久保田ら当時の1年生を多く起用する。当然、周囲からは不満も噴出。結果的には丸く収まるのだが、瀧島と久保田らは一時、多くの批判を浴びた。

「お互いに『あのときの悔しさは忘れない』という気持ちが根本にあって、今考えればムダの多い練習だったけど、それでも意地になってやっていた。その謙虚さ、必死さが大きな要因なんじゃないかなぁ。一体感があると言うか、強い信頼関係があった気がします」

歯車については、普段から噛み合わせられるように努力はしてきた。たとえば監督の感性、考え方を選手たちが理解できているのかどうか。県の準々決勝で西武台を下し、次戦の相手が決まる聖望学園対鴻巣の試合を観ていたとき。瀧島がふいに「どっちが戦いやすい?」と質問すると、選手たちは「聖望です」と即答した。ネームバリューやイメージだけで「聖望とは当たりたくない」と思うのが高校生の心情だろうが、当時の鴻巣には好投手の小野寺力(現・ヤクルトコーチ)がいた。一方で聖望学園も鳥谷敬(現・阪神)などメンバーは強力だったが、その多くが2年生。そうした現実を冷静にとらえ、物怖じせず自然な会話の中で瀧島に伝えてきた。

また、「勢いを消す行動をしないことも大事」と瀧島は言う。甲子園では前向きに戦おうと、選手たちに余計な情報を与えないようにした。勝利を意識することはなく、掛けた声は「誰でもいいからヒット1本は打とうぜ」とか「盗塁はできそうだから出塁したらみんなでやってみないか」。同じヒット1本を狙うにしても「相手は140キロを超えるからこうやってバットを出せ」ではなく、マシンを140キロに設定しながら「さぁ誰がヒットを打つんだ」と煽った。

無欲の勝利、とはよく言ったもので、不思議と運も好循環で巡ってきた。

抽選会のとき、主将の宇山武徳がなぜか「鳥取か島根のチームを引いてきます」と宣言し、本当に鳥取県代表・境との対戦を実現させた。根拠としては「その2地区の参加チーム数が少ないから」という単純な理由だったが、当時の島根県代表・浜田のエースは和田毅(現・ソフトバンク)。「境高校はウチと似たようなチームで力も五分だったと思うけど、浜田高校が相手だったら、おそらくバットにも当たらずに終わっていたんじゃないか」と瀧島は言う。また1

回戦を突破し、テレビで報徳学園対富山商業の行方を見守っていたときも、誰かが「富商が勝てばいいな」と言った瞬間、劣勢だった富山商業に満塁弾が飛び出すなど逆転勝利。こちらも大きな根拠などないのだが、言った通りになったことで選手たちは「行けるぞ！」と意気込んだ。

「公立校は受験ありきだから選手を獲るわけにはいかないし、計算された裏付けのもとで勝つっていう道筋を作るのはすごく難しい。じゃあどうするのかって言ったら、私立とは違う道を行って強くなり、歯車を合わせる努力をして、そのときを待ちながら運や勢いの力も借りていく。滑川のときのような計算外の部分もすごく大事なんじゃないかなって、僕は思うんですよ」

旋風から19年。あれ以降、埼玉の公立校は甲子園に出場できていないという現状がある。いいチームを作って勝負に挑み、もう一度チャンスをつかみたい……。瀧島はいま、母校の松山高校で指揮を執っている。

高校時代に培われた、指導者としての礎

松山高校は1922年、埼玉県東松山市に設立された伝統校である。通称は「松高（マツコウ）」。男子の進学校として知られており、部活動も盛んで地元民からの人気も高い。

瀧島は埼玉県川越市出身で、地元の川越高校に行こうと考えていた。ところが中学3年のとき、松山に通う中学時代の先輩にバッタリ出会い、「川越と松山、野球はどっちが強いですか？」と

聞いたところ、「松高に決まってんだろう。お前も来いよ」。そのひと言で志願先を変更した。

実際に入学してみると、進学校のイメージとはまったく違っていて戸惑った。当時、松山の野球部は上下関係がかなり厳しく、おかしな決め事も多数存在した。たとえば、挨拶は先輩より1センチでも高い位置からしてはいけない。だから教室の窓から顔を出していて、下の階にいる先輩と目が合おうものなら、急いで降りて一番低いところを見つけて90度のお辞儀をしていた。また、正面まで回って挨拶しなければならないのも決まりで、通学中に先輩がバイクで真横を通りすぎたら、ダッシュで延々と追いかけて信号待ちのところで挨拶をする。言葉遣いや態度についても厳しいルールがあり、守れなければ正座をしながら1時間の説教。瀧島の入部時には40人近くいた同期生も、気付けば14人しか残らなかった。

疑問が残る。「何度も辞めようと思った」という瀧島は、なぜ3年間続けることができたのか。

最も大きかったのは、1学年上の主将だった松崎真（現・浦和工業高監督）の存在だ。当時の松山では、何をするにも先輩と後輩がペアになる。瀧島は松崎からたびたび指名され、練習の手伝いなどをしていた。普段は厳しいが人望は厚く、困ったときには必ず声を掛けてくれた。また、自主練習でバッティングをしていると必ず交代で打たせてくれて、アドバイスもしてくれた。瀧島ら後輩からすれば、「こういう先輩になりたいなぁ」という偉大な人だった。

あるとき、「お前は進路をどう考えているんだ」と聞かれた。

「いやぁ……この身長じゃプロ野球選手にもなれないだろうし、何も考えていません」

瀧島が答えると、松崎はこう言った。

「俺は先生になって甲子園を目指そうと思うんだけど、一緒にやるか？」

この言葉がきっかけとなり、瀧島の脳内に教員という選択肢が追加される。そして、松崎と組んで野球部を指導するのが大きな目標となった。

実際、瀧島はその夢を実現させている。2009年より母校へ赴任すると、松崎監督・瀧島部長の体制で1年間を戦った。翌春には松崎が転勤になってしまい、瀧島は監督に就任。「本当のことを言うと、3〜4年は一緒に組みたかった。それを見据えて僕はヒジの手術までしちゃったんですけどね」と残念そうに語る。

今でも松崎への尊敬の念は変わらない。滑川時代に甲子園出場を決めてから間もなく、瀧島は松崎から手紙を受け取った。そこには「自分らしく思い切ってやってこい」と書いてあった。

「手紙って、形としてずっと残るからいいですよね。甲子園にも持って行きましたし、今でもちゃんと保管してある。僕の宝物ですね。高校野球がなかったらそんなこともなかっただろうし、本当にありがたい。3年間、続けていて良かったです」

高校時代にはもう一人、忘れられない出会いがあった。

大塚英男。当時の松山の監督で、指揮した15年間の実績は夏の県大会だけでも準優勝1回、ベスト4が1回、ベスト8が2回。その後は滑川を2年間率い、年齢で言えばひと回り下の瀧島にチームを託した人物だ。現在は県内の私立・武蔵越生高校で校長を務めており、「今でも厳しく怒られることもある」と瀧島は苦笑する。

現役時代も、厳しくて怖かった。保護者や監督の車に分乗して練習試合に行くときも、チームメイトはみな大塚の車を敬遠。「悪い、お前が乗ってくれ」と言われ、瀧島はいつも助手席に乗っていた。だが、実はその時間が楽しかったのだという。「今日のオーダーを考えろ」と言われて自分なりの考えを伝えると、「まだまだ甘いな」と言いながら考え方を語ってくれた。

練習の中には常に罰ゲームがあった。瀧島にとって印象的だったのは、守備練習の最後に行われるプレッシャーノック。全員がバックホームを1本ずつ行うのだが、一人でもミスが出ると内野手がダイヤモンド1周。外野手はマウンドまで走ってきて、また帰っていく。全員が連続で成功するまで、これが延々と続くのだ。ちなみに「ミスをした選手は走らなくていい」という決め事があり、ポツンとその場に立ってひたすら謝る。自分のせいでチームに迷惑を掛けている、という状況をあえて作り出しているわけだが、走っているほうは罵声を浴びせながらも明日は我が身。どちらの立場のことも理解できるから、しだいに信頼関係が深まっていく。

そして、必然的に工夫するようにもなった。ずる賢く逃れようとしてみたり、ジッと我慢してみたり、みんなで話し合うようになったり。その習慣は成果にもつながり、一塁を守っていた瀧島は公式戦で隠し球を何度か成功させている。バントシフトでは捕手や三塁手と合図を決め、「次、どう思う?」「バントだから思い切ってダッシュだ」「ヒッティングの可能性もあるから走るのは中間までにしよう」などと会話していた。そうやって犠打を封じたら、「向こうの監督も大したことないな」と言って3人で笑い合う。そんな野球の深い魅力を感じることができたのも、大塚の指導があってこそ、だという。

「戦力が劣っていても勝ち目があるんだって、そういう野球がベースになっているし、幅も広がったと思いますね。僕はいま、生徒たちに『勝負強くなければいけない』と言っています。3学年で100名近い部員がいる中、みんな努力もしているし、実力もさほど変わらないから、試合に出る基準は勝負強いかどうか。それも振り返れば、原点は大塚先生の指導なんです。高校野球を通じて、勝負強い人間になるための思考回路や努力の仕方を教えてくれていた。それが将来、社会に出て勝負どころを見極めることにもつながるのかなって思うんですよね」

監督業とは何か。それを学ばせてもらったのも大塚だ。滑川に赴任した1996年、もともと監督だった大塚が部長となり、瀧島は監督となった。本来であれば大塚が継続するはずなのだが、管理職へのレールに乗っていたこともあり、後進に道を譲るつもりだった。

大塚からは散々叱られた。たとえば試合で相手の投手が交代したとき、すぐに「あのピッチャーは投球練習を何球やったんだ」と質問される。「あまりしていないと思います」と返すと、すかさず怒号が飛んでくる。

「13球しかやってねぇんだ！　この試合展開で、なんで相手のブルペンを観察していないんだ。お前はいつもボールばかり追いかけていて、相手ベンチの動きだとか、ブルペンの様子、自分のところの選手の表情をまったく見ていないんだよ。場面とベンチの状態をシンクロさせる神経がないから、集中力を欠いた代打や守備固め、リリーフが行ってしまったりもするんだ」

選手がいる前だろうとガンガン怒鳴られ、練習や試合が終わると夜は食事をしながらの反省会。そこでも「あの場面は……」などと細かく指摘され、ギスギスした緊張感の中で食事もロクに味わえないものだから、瀧島は「本当にイヤでイヤで仕方なかった」と苦笑する。

ただ、ひとつ嬉しかったことがある。久保田らのチームとなった就任2年目の秋。県大会で逆転勝ちを収めた試合後、大会役員の一人がこちらへやってきて、大塚に「どうだい、教え子は？」と聞くと、大塚が「やっと、ちょっとは見られるようになってきたかなぁ」。恩師から初めて褒められた瀧島はロッカールームで一人、涙を流した。そして、ここから「やれるかもしれない」という自信が少し芽生えてきたのだ。瀧島は言う。

「大塚先生と組んだ2年間は、本当に苦しかった。でも今思えば、怒られながらも頼っていた部分があったと思うんですよ。だから翌年の4月に新しい部長先生に代わってからは、一本立ちしなきゃいけないと思って、とにかく教わったものを頑なにやっていった。夏は甲子園に出場できましたが、僕の指導という面で見れば、それがハマっただけのことだと思うんですよね」

瀧島の現役時代について、もう少し触れておこう。

瀧島が野球を始めたのは小学3年のとき。ユニフォームのカッコよさに魅かれて入団した地元のリトルリーグでは、300人近い選手の中で正捕手となり、主将も務めて関東大会などで活躍した。中学では軟式野球部でやはり主将を務め、チーム初の県大会出場に導く。高校では副将だったが、そもそも主力選手のほとんどが中学時代の主将経験者。主将の笠原均が絶対的な捕手だったことで2年秋からサードへコンバートし、肩を壊してファーストへ移った。3年夏には五番打者として県準優勝。準決勝の埼玉栄戦では8回に決勝タイムリーを放ち、上尾に敗れた決勝でも1打点を挙げている。

余談だが、上尾の主将だった仁村武はリトル時代にバッテリーを組んだ親友。仁村の家にはよく遊びに行っており、そこで下宿している1学年下の高野和樹（現・上尾高監督）と3人で「お互いに決勝まで行けば当たるなぁ」などと話していた。

卒業後は1年間の浪人生活を経て日本大学商学部へ。野球は続けず、教員を目指して教職課程を受講する傍ら、週末は松山のグラウンドで練習を手伝った。また、「今のうちにいろいろやっておこう」と遊びも充実させ、ありとあらゆるアルバイトも経験。家庭教師、ファミレスの厨房、コンビニのレジ、コンサートの警備員、地下鉄のタイル貼り…。教員というのはある種、一般社会の感覚から離れてしまう部分もあるが、瀧島は社会の縮図もしっかり理解している。大学4年間の経験があったからこそ指導にも幅が広がったし、だから子どもたちにはこう話す。

「お前たちの人生もいろいろな方向に可能性があるし、どう転ぶかは分からないぞ」

こと野球においても、その場その場で柔軟に対応するスタイル。型にこだわらず、受け入れられる子どもの幅も広いから、瀧島の野球は魅力的に映るのかもしれない。

さて、瀧島は大学卒業後に教員として川本高校（現在は廃校）に赴任する。ここで野球部の部長を4年、監督を2年務めるのだが、当時のエピソードもなかなか興味深い。

もともと環境は十分でなく、グラウンドは荒川の河川敷。3学年で20人いるかいないかという人数の選手を引き連れ、まずは荒れたグラウンドの整備からスタートした。中学時代にレギュラーだった者はほとんどおらず、試合では「負けて当たり前だ」と諦めている。そんな彼らに勝ち方を教え、劣等感を払拭してあげたい。瀧島は情熱を燃やした。

瀧島が目指したのは、心が通った特別な集団だ。幼少時代にいわゆるガキ大将だったこともあってか、「監督＝親分」「選手＝子分」という感覚でアットホームな関係性を築いた。土日に練習試合を連戦でこなすだけの戦力もないため、「よし、明日はピクニックだ」と言って、みんなで近隣の山を登る。「母親の苦労を知るために自分で弁当を作ってこい。オレも自分で作っていくから」と指令を出し、おかずを交換したりもした。また若くして結婚した瀧島は、妻の実家に選手を連れていってラーメンを食べさせる。「帰りは学校まで歩くぞ」と言い、30キロ以上の道のりをみんなで歩いて帰ったこともある。

実力は低かったが練習もきっちり積み重ね、実力校といい勝負ができるまでに成長。そして、監督2年目の夏には2勝を挙げた。どんなチームでも信頼関係を作り、工夫すればある程度は戦えるんだ。このときのチームからは、そんな自信を得た。

あえて「理不尽になる」ことを意識する

滑川へ移ると、選手の気質はガラリと変わった。それまでは、「負けが怖くない」という子を鼓舞していれば良かった。だが、滑川はもともと熊澤光（現・川越工業高監督）が土台を作っており、大塚が引き継ぐ中で気概のある選手も入り始めたチーム。まして大塚には監督業のノウハウを叩き込まれており、「勝たなければならない」という重圧を感じるようにもなった。甲子園に出場すると、期待はさらに大きくなった。そして、チームに大きな歪みが生まれる。

事の発端は甲子園出場決定の直後だった。バタバタした日程の中で関西へ発つのだが、用意された宿には30人ほどしか泊まれない。瀧島はベンチ入りメンバーと残りの3年生、さらに1・

2年生の中から練習に必要なバッテリーを優先して遠征メンバーを組む。そして居残り組の練習をOBにお願いし、細かいことを説明する間もなく甲子園に臨んだ。

これが失敗だった。帰ってくると部室がメチャクチャに荒れていた。さらにじっくり練習する時間もなく、新チームの秋が始まる。それでも瀧島は「甲子園に出たんだから今後は勝たなければいけない」と言う。地区予選で敗退すると、2年生全員が「もう辞めます」と言いに来た。

最大の不満は、居残り組の2年生が甲子園へ連れていってもらえなかったこと。それでも説明する時間を作って話し合ったり、違う宿を取って交代で練習の手伝いなどをさせれば問題なかったのだろうが、彼らには「何の説明もなく突き放された」という意識が残ってしまった。まして、普段から「一丸となって戦う」と言っているにもかかわらず、ずっと一緒に練習してきた自分たちは置いていかれ、入部して間もない1年生が「バッテリーだから」という理由で遠征に参加している。その事実が納得できなかったし、わだかまりがある状態で「勝たなければいけない」と言われてもピンと来なかった。

瀧島は自己嫌悪に陥った。自分が一番大切にしてきたはずの人間関係、チーム内の信頼関係がボロボロの状態じゃないか……。そこから深く反省して謝罪。ただ自分としても信念を曲げてしまった悔しさ、意地があり、教える気がなくなったりもした。だからノックなどは打つものの、基本的に練習には口出しせず、グラウンドでバケツを持って石を拾い続けた。

「なぜか分からないけど、石を拾った量が我慢の量になると思ったんです。何カ月間やっていたかなぁ……。それで春の大会に負けて、それでもとにかく拾い続けていたら、その姿を生徒たちが認めて謝りに来てくれたんですよね。それで僕も謝って、雪解けして、そこからの猛練習が始まる。だからね、普通の人が甲子園に行くってとんでもないことなんですよ。感覚が壊れちゃうし、ハードルがとてつもないところまで上がってしまう。現実はそこにまったく届きそうにない監督なのに、ですよ（苦笑）。あんなに分かりやすいサインが出ていたのに、僕はそこにも気付けなかった。でも本当に、夏は彼らが頑張ってベスト16まで行ってくれて良かった。最後は浦和学院に負けるんですが、あれだけ僕と確執のあった選手たちが『すみませんでした』って言って、球場の外で泣きながら胴上げしてくれたんですよ……。あれが早々に負けていて、あの子たちと人間関係を作れずに終わっていたら、僕は辞めていたと思う。そこからですね、やれるかもしれないなって本当の自信がついたのは」

そして滑川は、一本の芯が通ったチームへと変わっていった。2001年秋には県ベスト8入りし、2002年夏にはベスト4。また校名変更を経て、2007年春には優勝を果たす。強いか弱いかではなく、一緒に夏を戦う仲間が信頼関係で結ばれているかどうか。それが監督としての仕事であり、そこを突き詰めなければ高校野球の意味がないのではないか。瀧島はそう思っている。

2009年春、瀧島は人事応募制度によって松山へと異動した。「いずれは母校で」との想いは強かったし、空きが出たタイミングで手を挙げなければチャンスがつかめないと思った。

運命とは不思議なもので、最初の夏、初戦の相手は滑川総合だった。ベンチに入るかどうか悩み抜いた末、当日はベンチの後方に陣取り、両軍を見渡しながらとにかく大きい声で「頑張れ！」と連呼した。そんな人情味あふれる指揮官のもと、選手たちは確実に成長している。

特にここ数年は、瀧島の考え方がよく浸透している感がある。

たとえば、2014年夏のチーム。主将の那須英介は闘病中の母親を看病しながら文武両道に励んでおり、思いやりがあって気遣いのできるタイプ。さらに、前年には2年生捕手として四番も務めながら夏の大会直前に交通事故に遭ってしまい、不出場に終わっている。「先輩や仲間たちに迷惑を掛けて申し訳ない」と、強い決意でチームを率いた。一方、副将の金子晨也はヤンチャ坊主だが義理人情に厚く、父親が瀧島と同級生のサード。瀧島の性格も理解し、叱られ役も務めてくれた。そんな2人に引っ張られたチームは秋ベスト8、春夏ベスト16。「雨降って地固まるじゃないけど、試練を乗り越えてチームが強くなっていったんです」と瀧島はニッコリ微笑む。

翌2015年夏の3年生は、1年時から瀧島が担任を務めてきた学年。つながりが強く、主将の和木優馬やエースの北島佳太、中軸の石井健太らが中心となって、瀧島がハンドルを切ればパッとその方向へ突き進むことができた。また「この相手だったら、北島なら3~4点に抑えられますよ」などと、試合の展望をしっかり語れる感性も持っていた。夏は立教新座、西武台、本庄第一、聖望学園と強豪私学を連破し、24年ぶりのベスト4進出だ。

2016年夏のチームは個性が強すぎてバラバラになることが多かったため、春以降には事あるごとに手をつないで会話させることを習慣づけた。最後は県4回戦で敗れたが、瀧島は「逆にバッティング面が疎かになっちゃったけど、本当にいいチームになった」と胸を張る。

各世代にまつわるエピソードは事欠かない。それは瀧島が毎年、全力で誠実に選手たちと向き合っているからだ。

「高校野球ほどハードルが多いスポーツって、なかなかないと思うんですよ。頭ごなしに怒鳴られたり、悔しくて涙を流したり、なんでこんなに我慢しなければいけないんだと思いながら我慢したり、仲間がケガするのを目の当たりにしたり……。そんなこと、普通の学校生活ではまずあり得ないですからね。だからこそ、そういう場所をなくしたらいけないと思うし、大人がいい加減に携わっちゃいけないと思う。ただ当然、指導者だって人間だから間違いはあると思います。でも、じゃあ何もしないのかって言うと、それでは教育にならない。高校野球を一生懸命やっている子どもたちとしっかり向き合って、こちらの誠意を見せていくしかないと思うんですよね。指導って正解がないから、本当に難しいです。たとえば滑川の子たちは谷底に突き落としたら強くなって這い上がってきたし、十分に練習を積める環境もあった。でも、松山の子たちはそうじゃない。谷底に突き落としても上がってこないし、納得できる理屈がなければ受け入れてもらえないんです。環境としても文武両道がメイン。だから学業も野球も両方伸びたとか、それで我慢強さが養われたとか、そういうバランスの良さを身につけさせたいなって。ただ、そんな中で最近意識しているのは、『俺は理不尽になるぞ』って宣言して理不尽大魔王になること（笑）。彼らの真面目さ、誠実さは疑っていないけど、戦いのときに理屈を考えているヒマはない。もちろん、後でフォローを入れてくれるスタッフがいることが大前提なんですけどね。賢くて常識にとらわれている子が多いけど、常識の範囲内で戦っても野球の幅が広がらないから、何とか打破したい。そしてやっぱり、勝負強い人間になってほしいんですよね」

今年のチームも主将を1日交代制にしたり、「練習後に心が元気になる歌を1曲唄いなさい」と言って選手間でアーティストの曲を選ばせたり。手を変え、品を変え、チームの意識と信頼関係を高めていこうと奮闘中だ。もちろん形はどうであれ、根本にある想いはただひとつ――。

子どもたちと「人対人」でしっかり向き合って、人間そのものを鍛えていきたい。

情熱家・瀧島達也のチーム作りからは、今後も目が離せない。

2009年に母校へと帰ってきた瀧島のもとで松山は毎年「いいチーム」へと成長している

スペシャルインタビュー「僕の埼玉高校野球」

土肥義弘

（春日部共栄→西武　現埼玉西武ライオンズ一軍投手コーチ）

貴重な経験を積めた、濃密な高校3年間
埼玉県の高校は、常に高いレベルであってほしい

——土肥コーチのご出身は埼玉県鳩ヶ谷市（現・川口市）ですが、埼玉の高校野球と出会ったのはいつのことでしょうか。

土肥　小3で野球を始めたのですが、そのときから地元のテレビ局の中継でよく試合を見ていました。当時は立教高（現・立教新座高）が強くて、一度だけ球場に観に行った覚えもあります。よくいる野球好きの子どもと言うか、プロ野球に憧れながらも「高校野球のお兄ちゃん」という感覚でしたね。

——そこから春日部共栄へ進学するわけですが、どういった理由で選択したのでしょう。

土肥　当時のイメージとしては浦和学院や大宮東が強いと思っていたのですが、そんな中で中3のときに春日部共栄が春夏連続で甲子園に出て、ものすごく憧れたと言うか、楽しそうに野球をしているなぁと感じたんです。そして野球の推薦で入学するのですが、

当時の春日部共栄はどんどん偏差値が上がっている状態でした。野球も勉強も両方できなければダメだという話を聞いていたので、一生懸命に勉強したのを覚えています。

――実際に野球部に入ってみて感想は。

土肥　まず驚いたのが人数ですね。甲子園出場の影響を受けて入ってきた部員ですから、たしか同級生だけで60人から70人近くいたような気がします。だから、これだけの人数の中でやらなければいけないのかと思いました。しかも僕は中学校の軟式野球部上がりなので、有名なシニアやボーイズなどから来た錚々たるメンバーに圧倒された感はありましたね。徐々に辞めていく選手もいたので、最終的には人数も減ったんですけどね（苦笑）。それに今思うと、練習も厳しかった。本多（利治）監督の指導もガツガツ練習する「ザ・高校野球」みたいな感じで……。特に投手はランニングを結構やりましたし、練習量としてもカルチャーショックでしたね。

サヨナラ負けの悔しさで一念発起　専門家の指導の下、肉体改造に励む

――公式戦のベンチ入りはいつですか。

土肥　1年秋ですね。実は1年夏にベンチ入りできそうなところまで、練習試合で頑張っていたんですよ。ただ、夏の寸前に盲腸になりまして（苦笑）。「このチャンスを逃したらベンチ入りできない」という思いで我慢してやっていたのですが、度を越えて破裂してしまった。結局、入院やリハビリで1年夏に2カ月のブランクが空きました。

――そこから新チームでエースとして活躍。どのように復活されたのでしょうか。

土肥　秋の県大会で自分が打たれてサヨナラ負けをしてしまうんですよ。それが悔しくて仕方なくて、ひと冬で肉体改造をガッツリとやったのが転機ですね。もともとウエイトト

レーニングは好きだったんですが、当時はまだみんなが「ベンチプレスを始めました」と言っているくらいの頃。そんなときにジムに通い始め、インストラクターのもとでトータルの筋力を上げていきました。

身長も少しは伸びて、体重は7~8キロ増えた。明らかに体が大きくなっている感覚はありましたね。それもただ大きくなったのではなく、専門家に意見を聞きながら、今で言う〝ファンクショナルトレーニング〟で機能を高めた。おかげで球威も増し、球速も10キロほど上がって2年生の春先には135キロが出ました。

——本多監督にお話を聞いたとき、歴代の教え子の中でも土肥さんは、自分からプランを立てて取り組む姿勢が抜群だったと仰っていました。実際には「自分はこうしよう」というものは見えていたのでしょうか。

土肥　そうですね。自分が一番上だという気はしなかったので、周りのメンバーを一人ずつ追い抜くためのプランを作って、逆算して、じゃあ何をしなければいけないかを考えました。それを高校生のうちからできたのは大きかったのですが、今振り返れば本多監督がその部分をすごく伸ばしてくれたんだなと思います。

春日部共栄に入って良かったと思うことはたくさんありますね。たとえば2年の春から夏にかけて、本多監督が徐々に自主性に任せて選手たちに考えさせる指導法へ方向転換された。もちろん人間にはタイプがいろいろありますが、当時の自分には本多監督とのバランスがすごく合っていたのかなぁと。選手の気持ちを尊重してくれた監督でしたね。

——そして2年夏に甲子園準優勝を果たしますが、チーム力が高まった感覚はありますか。

土肥　試合をやるたびに強くなっていった感覚はありますね。やっぱり勝つと自信になるので、いい意味で肩の力が抜けてきてみんなが伸び伸びとやるようになった。夏の大会前には意外と練習試合で勝てない時期が続いたりもしたんですけど、勢いに乗っていくチームってこんな感じなんだなというのを体験させてもらいました。あと規律は厳しかったですけど、周りの3年生が伸び伸びとやらせてくれたので、2年生の僕も「先輩のために」と思える環境でしたね。

甲子園決勝では僕がバント処理を悪送球して負けてしまうんですが、マウンドで集まっても笑顔でいられた。苦しいときこそ楽しく笑顔でポジティブに、という感じでしたし、ミスをしても「次！　次！」と。プロ野球だとシビアな世界なのでそれだけではダメだと思うんですけど、高校野球はそれが原点。今の時代は逆にそういう姿勢について「緩すぎるのもどうなんだ」と懸念されているような気もしますが、僕の世代あたりは厳しさと優しさがちょうどいいバランスになっていたように思います。

ライバルの存在が、自分たちの能力を引き上げる

——甲子園決勝の舞台を経験されましたが、どういう心境でしたか。

土肥　勝ちたいという気持ちと、ここまでやれたという満足感がすごくありましたね。でもその満足感がリラックスにつながるのか、欲がなくなって執念がちょっと足りなくなるのか、どっちかというのは言えない。フッと力が抜けて勝ってしまうケースもあるし、執念があと一歩勝っていれば……というケースもある。ただ、準決勝とは明らかに雰囲気が違う。ウォーミングアップから球場に入ってできるわけですからね。あれだけアドレナリンが出る状態で練習するというのを、高校生で経験することなんてほとんどない。

あのときは連戦の疲れもあったかもしれないんですけど、試合前に軽く気持ちが悪くなったんですよ。今思えば、もう少し落とし気味にスタートしてパッとベンチに下がれば良かったのかなと。でも、それもひとつの経験。その場にいられたことは大きな財産ですよね。

——バッテリーが残って期待された2年秋は県優勝も関東大会で初戦敗退。夏は県決勝で浦和学院に敗れ、甲子園出場を逃しました。

土肥　最終学年で出られなかったのは、本当に悔しかったですね。優勝候補と呼ばれる重圧もあったし、本当にあと一歩でしたから。特に浦学とはずっとライバル関係にあって、夏の決勝で投げ合った木塚敦志（当時2年生）とは横浜でチームメイトになったんですが、「〝打倒・土肥〟でマシンを使ってクロスファイアの練習ばかりしました」とか聞くと、追う立場と追われる立場が結構ハッキリしていたのかなと。結果としては0対7で負けるんですけど、僕は先制されたときからずっとビハインドを重く感じていた。本多監督には「常にチャレンジャーでいろ」と言われていたんですけど、やっぱり重圧があったのかなぁ。浦学は執念で食らいついていく部分があって、それが出た試合なのかなという気はします。でも、負けから得られるものは多い。高校時代は本当にいい経験をさせてもらった。すごく濃厚な3年間でした。

——そういうライバルの存在というのは、やはりレベルアップのために必要ですか。

土肥　そう思いますね。ライバルがいることによって人を意識します。選手というのは常に自分のモチベーションを一生懸命上げようとしてやっているんですけど、プロアマにかかわらず、どこかでそれが頭打ちになるときがくるんですよね。そういうときにライバルがいればもう一度モチベーションを上げることができるので、絶対に作るべきです。

——ちなみに、埼玉県勢はまだ夏の甲子園優勝がありません。そういう部分も含めて、今後に期待しているところを教えてください。

土肥　僕らの時代からも含めて、全体のレベルとしては他の都道府県に劣っているわけではないと思うんです。では全国制覇するためには何が足りないかと言われると、優勝に関しては巡り合わせもあるので何とも言えませんが、全国に出てさらに勝つんだという意識にどれだけ持っていけるか。もちろん、約160チームの中で勝ち上がるのはすごく大変なことですけど、全国に出てからも「偶然ではなくて力があったから全国優勝できた」と言えるくらいのチームを作り上げられるかどうかがポイントではないでしょうか。埼玉県勢と当たったら勝てない、そう相手に思わせるくらいのレベルでいてほしい。力の入れ具合で言えば、埼玉も全国でトップ5に入ると思うんです。

——最後に、埼玉で戦う選手たちにはどんな姿を期待していますか。

土肥　戦い方としては、良くも悪くも高校野球を楽しんでほしいというのが第一ですね。その中で勝負の厳しさとかを感じてほしいし、上位に行けば行くほど自分の思った通りにならないということも感じてほしい。苦しんだことも本当に財産になると思うので、どんどん経験を積んでほしいですね。

プロフィール
土肥義弘
どい　よしひろ　1976年9月1日、埼玉県出身。春日部共栄高では、93年第75回全国高等学校野球選手権大会に出場し準優勝。社会人野球の名門・プリンスホテルを経て、97年ドラフト4位指名で西武ライオンズに入団。2年目以降、主に中継ぎとしてチームを支えた。その後横浜ベイスターズ、09年からは再び埼玉西武ライオンズへ。12年に現役引退。2015年より埼玉西武ライオンズ一軍投手コーチを務める。

あとがき ～埼玉高校野球のこれから～

県内に衝撃のニュースが流れたのは、2015年2月のことだった。

―若生正廣氏が埼玉栄の監督に復帰―

かつて母校の東北高校を甲子園に7度導き、ダルビッシュ有(現・レンジャース)らを育てた名将。2005年8月からは九州国際大附の監督を務め、在任9年間で4度の甲子園出場を果たしている。また両校で甲子園準優勝も一度ずつ経験。そんな華々しい経歴を持つが、若生の指導者デビューは1987年。当時はまだ新興勢力だった埼玉栄で監督に就任し、チームを3年間率いていた。

現役時代は東北高で甲子園に出場し、法政大学や社会人野球のチャイルドを経て、スポーツメーカーに計16年間勤務。そこから一念発起しての指導者転身だったが、原点は「人のためになることをしたい」という想いだという。特に仕事を通じては、多感な時期で多くの悩みを抱える高校生を見ており、「彼らの役に立てればいいなぁ」という考えからスタートした。だから若生は、その選手がレギュラーかどうかにかかわらず、「野球を続けたい」という教え子にはできる限りの人脈を駆使してレールを敷いてきた。チーム作りに際しては能力の高い選手へのスカウティングも行うため、「勝つためにあちこちから選手を連れてきている」と批判も絶えない。だが、貫いてきたのは「こちらから選手に声を掛けるのは基本的に1回。あとはジッと待って、興味があるという子を獲っていく」(若生)というスタイル。そもそも入学するのは本人であり、学費を払うのはその家族なのだから、強引に誘ったところで「ここでやりたい」という意思がなければ成立しない。

埼玉栄では1988年春に県準優勝、関東ベスト4を果たし、県ベスト8にもたびたび進出。甲子園出場には届かなかったが、それなりに手応えがあった。一方で母校からもずっと熱心に誘われており、悩み抜いた末にチームを離れることを決断。

「いろいろな人にお世話になったし、本当は埼玉栄で何とか甲子園に出たかった。本当に申し訳ない」と心残りもあった。そして復帰のきっかけは、105名いる当時の教え子たち。彼らが「先生、ウチに帰ってきてくださいよ」と想いを伝え、「先生のイメージはやっぱり東北や九国でも使っていたタテジマだろう」とユニフォームの希望まで熱く語ってくれた。

ひとつ、不安に思うことがある。2007年に発症した難病の黄色靭帯骨化症によって若生は自力での歩行が困難になり、常に杖を使って生活しなければならない。その状態で2015年夏に県ベスト8、2016年夏も同ベスト16と成績を残しているが、指導に支障はないのだろうか。

「人間っていずれはみんな衰えていくわけだから、何かしらの病気とは付き合っていかなければいけない。そんな中で、身体が不自由になっても良いことってあるんですよね。たとえば自分で動けないから、言葉で人を納得させて動かすようになってきた。また『俺についてこい』っていうスタイルも無理だから、一番遅れている集団の後ろにいる選手を見るようになった。そうすると生徒が伸び伸びして、実はいい結果も出るんですよね。だから、今のスタイルで合っているのかなって。それに年齢とともに、生徒が自分の子どものように可愛くなってくるんですよ。昔は自分が勝負したいという想いが強かったけど、今は本当に『子どもたちのために』。そもそもね、監督の〝監〟っていう字は大皿に水鏡を張って、繁々と辺りを見渡すこと。そして〝督〟は散在したものを取りまとめ、引き締めることなんです。だから、監督って呼ばれて天狗になっているようではダメ。それをしっかりと理解した上で、やっぱり生徒たちを勝たせてあげたいし、埼玉栄という名前を全国に広めたい。それが恩返しかなと思うんですよね」

オーダーメイドのノックバットを発注し、「リハビリを頑張って歩けるようになって、夏にノックを打ちたい」と語る若生。その情熱は、大きな風をもたらしている。

今や私立全盛の埼玉だが、公立校に甲子園出場の大きなチャンスがあった年もある。そのひとつが２０１４年夏。エース左腕の上條将希、中軸の奈良龍之介、冨岡弥夏、丹羽功太など充実した戦力を誇った市立川越は、春日部共栄との決勝で７回終了時まで２対１とリードした。そこから８回裏、一挙６失点での逆転負けを振り返り、監督の新井清司は「あの夏は上條の調整で失敗したんだよなぁ」と渋い表情を見せる。だが、そのチーム作りの手腕は評判が高く、たとえば昨夏も県４回戦で浦和学院を撃破。強豪私学が警戒するダークホースとしての地位を確立しており、悲願達成まであと一歩に迫っている。

現在61歳の新井は２０１６年春に定年を迎え、そこからは再任用制度で学校に勤めている。当然、それまでと雇用条件は違うのだが、担任を持ってフルタイムで授業を受け持っているというから恐れ入る。

「でも、好きでやらせてもらっているからね。こんな生活を40年近くやっているわけで、大変だとも思わないし。こちらの情熱が無くなったら、生徒も可哀想ですよ」

そう話しながら、自身の野球人生をしみじみと回想する。東京の城北高校で捕手としてプレーしたのち、早稲田大学で準硬式野球部へ。卒業すると所沢北へと赴任し、部長を３年、監督を12年務めた。開設して間もない学校で部員も10数名と少なかったが、地元の中学校とのつながりを深めて選手が入部するようになり、１９８８年春にベスト８へ進出する。このときの主将との関係性が大きな転機。１年時に経済的事情から「辞めさせてください」と言われたが、「事情は分かったけど、俺はお前を主将にしようと思っているんだ。休部扱いでつなげるからその期間にアルバイトをして、また戻ってきてくれないか」と伝えた。他の選手たちにも話をすると、みんな理解してくれた。結局、主将が戻ったチームは一致団結。それ以前は何かとすぐ叱っていたが、このときから選手たちとの対話の重要性を痛感する。そして、選手たちに伸び伸びとやらせる現在のスタイルにつながった。

１９９３年から２００４年までは狭山清陵を指導。雑草が生い茂り、バッテリー間の距離も正確ではないグラウンドを作り直すところから始まった。校内では生徒指導部長も務め、熱心に生徒を諭す毎日。そんな中で河野友軌（元・横浜）らを育て、県ベスト８も経験した。そして２００５年に市立川越へ。２００８年春にエース右腕・井口拓皓を擁して県優勝、関東ベスト８など躍進を続けてきた。

目標の甲子園出場へ。新井はニヤッと笑いながら語る。

「ずっと大事にしてきたのは、監督が弱気

にならないこと。今では、あの夏のドキドキ感にどっぷりハマっていますよ。あと指導で言えば、やっぱり生徒たちと信頼関係を作ることが大事かなぁ。絶対にやってくれるって信用することが一番。そして生徒を上手くして、強くして、最低でも強豪私学を2つは倒さなければいけないね」

同じ川越市内にあり、県内でも独特な毛色を持つチームが川越東だ。学校法人星野学園のもとで設立され、多くの有名大学への進学実績を誇る私立の男子校。2013年から監督を務めてきた渡辺努は、もともと姉妹校の星野高校で女子ソフトボール部を26年間指導しており、監督生活24年で15度の全国制覇を成し遂げている。教え子には数々のオリンピック代表選手も名を連ね、指導の引き出しも十分。ソフトボールの技術を野球にアレンジできないか、という観点から左打者への転向を勧めたり、走者三塁でスクイズよりも外野フライよりも確実に得点できる方法として、軽打でスペースを狙う打ち方を教えるなど、さまざまなチャレンジを重ねてきた。

日本体育大学で主将として全国制覇を果たすなど自身もソフトボール経験者だが、高校までは野球に浸かっていた。出身は埼玉県ながら群馬に越境して東農大二へ進み、3年夏には外野のレギュラーとして甲子園出場。2学年上に高仁秀治(元ヤクルト)―清水信明(元・日本ハム)のバッテリー、同期にはエース阿井英二郎(元・日本ハムコーチ)とレベルの高い環境に揉まれる中、足の速さや駆け引きの巧さを生かした走塁、「捕手以外はどこでも守った」という器用さで存在感を発揮した。

そんな高校時代の経験は、指導に生きた部分も大きい。

「齋藤章児監督(のちの立教大監督)の下で学べたのは大きいですね。夏から逆算してプランを考えることや、この子は叱るけどこの子は放任するとか、そんなふうに選手それぞれでアドバイスの仕方を使い分けること。また『心のキャッチボール』が監督のモットーなのですが、私の中ではもう一つの『つなぎの野球』も浸透している。打線や守備でのつながりはもちろん、心のつながりもすごく大事だと思っています」

川越東への赴任は、学園内の辞令によるものだ。きっかけは2005年から監督を務めていた阿井が、プロ野球コーチ就任の打診を受けたこと。星野の野球部創設にも携わった渡辺が、後を託される形となった。監督就任に当たり、阿井からはこう言われたという。

「土台はちゃんと作ったつもりだから、これからは渡辺のやりたいようにやればいいんじゃないか」

阿井による教育の賜物で、選手たちの人間力を感じさせられる場面は多かった。

「だから伸び伸びとやらせることができた」と渡辺は言う。選手たちには自己PRシートを記入してもらい、面談を何度も重ねてコミュニケーションを取る。そうやって距離を詰めながら、渡辺の目指す「臨機応変に考える野球」が少しずつ浸透していった。

1年目はいきなり春ベスト8、夏が準優勝。次世代も捕手・長野創太らを中心に秋ベスト8、夏ベスト16に入り、続く2015年夏世代はエース左腕・高橋佑樹や駒崎真也、福岡高輝の二遊間など実力者が多かった。秋は県準優勝で関東ベスト8、春も県準優勝で関東準優勝。さらに投打の柱・星野裕帆を擁した2016年世代も秋ベスト8。チームが着実に花を咲かせようとしているのは間違いない。

「カベって意外と自分たちで作っているもの。あくまでもチャレンジだし、文武両道は絶対にできると思います」

　阿井から渡辺へとつながったバトン。その影響を受けたチームは今後、どんな活躍を見せてくれるだろうか。


「川越東では角居（公生）先生に人間力の部分を学び、東北福祉大では伊藤（義博）監督から、人を大切にしなさいと教わりました」と語るのは現在47歳、武蔵越生で監督を務める泉名智紀。もともと1998年に赴任した東京成徳大学深谷高で指揮を執り、2015年春にはベスト4入りも果たしたが、同年夏限りで野球部が活動を休止。その細かい事情についてはここで語り切れないので割愛させていただくが、ともかく2016年4月より武蔵越生へと転任。夏が終わると、新チームから監督を任された。

　初めて会ったのは1年と数カ月ほど前だったが、当時から「なんて温かくて人間味のある人だろう」とは思っていた。実際、その指導を受けてきた成徳大深谷のOBたちも泉名がいる場所こそが〝帰る場所〟だと認識しており、12月の冬合宿などにも参加。武蔵越生の選手に対し、「自分たちの後輩」という感覚で接する。もちろん泉名と話をしていても、その魅力は存分に伝わってくる。

「本気でやれるかどうか。それによって自分たちの殻を破って自信につながっていくと思うし、そこが大きなテーマだと思います。軽井沢にあるウチの施設で毎年、夏休みになると2週間ほど合宿を組むんですが、そこで子どもたちの生活から見ることができたのは本当に良かったですね。たとえば部屋の布団にしても、本気で畳んでみようよ、と。普通に畳むのと本気で畳むのとではどれだけエネルギーが違うのかって言うと、ほんの数秒の世界。だったら最初から本気でやったほうが良くないか、そうやって本気で練習すれば中身も変わってくるよって、そんな話をずっとしていました。あとは目を見て話すこと。何か言われたら必ず何かしらの反応をすること。人に会ったら明るく爽やかに挨拶をしよう、とも言い続けました。いいタイミング、いい距離感で言わなければならないので、挨拶って意外と難しいもの。でもそれが少しずつできるようになっていって、嬉しかったのは朝の散歩のとき、近所の農家のおじさんが『キミたち、いい挨拶をするなぁ』って言って、作った野菜を差し入れしてくれたんですよ。もらったことも嬉しいんだけど、ちゃんと挨拶をしたからこそ、あのおじさんも嬉しかったんだと思う。お互いにいい想いができるだろう、それくらい大切なことなんだよって、選手たちに身を持って体験させることができたので、あれは本当に大きな転換期だったと思いますね。僕ができることといったら、本気で接して、本音で接して、ありのまま戦っていくこと。それを見ながら子どもたちが感じて、考えて、実行してくれればいいのかなって。そして〝和〟とか〝愛〟を大切にできる人間になってほしい。そうすれば彼らが社会に出ても活躍できるかな、人に貢献できる人間になれるかなって思うんです」

　まだ始まったばかりの新天地での戦い。だが、県内屈指とも言える泉名の人間教育は、必ず身を結ぶ時が来るはずだと思っている。

巻末付録

埼玉高校野球DATA

夏の甲子園　埼玉県勢出場校一覧

大宮工が埼玉県勢として初出場を決めながら、戦争の影響で中止となった第27回大会から、昨夏の花咲徳栄まで、夏の甲子園に出場した埼玉県代表校と、その成績を振り返る。

年度（大会）	代表校（出場回数）	全国大会結果	県準優勝
1915年（第1回大会）	出場せず	-	-
1916年（第2回大会）	出場せず	-	-
1917年（第3回大会）	出場せず	-	-
1918年（第4回大会）	出場せず	-	-
1919年（第5回大会）	出場せず	-	-
1920年（第6回大会）	出場せず	-	-
1921年（第7回大会）	出場せず	-	-
1922年（第8回大会）	出場せず	-	-
1923年（第9回大会）	出場せず	-	-
1924年（第10回大会）	出場せず	-	-
1925年（第11回大会）	出場せず	-	-
1926年（第12回大会）	出場せず	-	-
1927年（第13回大会）	出場せず	-	-
1928年（第14回大会）	出場せず	-	-
1929年（第15回大会）	出場せず	-	-
1930年（第16回大会）	出場せず	-	-
1931年（第17回大会）	出場せず	-	-
1932年（第18回大会）	出場せず	-	-
1933年（第19回大会）	出場せず	-	-
1934年（第20回大会）	出場せず	-	-
1935年（第21回大会）	出場せず	-	-
1936年（第22回大会）	出場せず	-	-
1937年（第23回大会）	出場せず	-	-
1938年（第24回大会）	出場せず	-	-
1939年（第25回大会）	出場せず	-	-
1940年（第26回大会）	出場せず	-	-
1941年（第27回大会）	大宮工（初出場）	（中止）	-
1946年（第28回大会）	出場せず	-	-
1947年（第29回大会）	出場せず	-	-
1948年（第30回大会）	出場せず	-	-
1949年（第31回大会）	熊谷（初出場）	1回戦	-
1950年（第32回大会）	初出場	-	-
1951年（第33回大会）	熊谷（2年ぶり2回目）	準優勝	-
1952年（第34回大会）	出場せず	-	-
1953年（第35回大会）	出場せず	-	-
1954年（第36回大会）	出場せず	-	-
1955年（第37回大会）	出場せず	-	-
1956年（第38回大会）	出場せず	-	-
1957年（第39回大会）	大宮（初出場）	ベスト4	-
1958年（第40回大会）	大宮（2年連続2回目）	1回戦	-
1959年（第41回大会）	川越（初出場）	2回戦	-
1960年（第42回大会）	大宮（2年ぶり3回目）	ベスト8	-
1961年（第43回大会）	出場せず	-	-
1962年（第44回大会）	出場せず	-	-
1963年（第45回大会）	大宮（3年ぶり4回目）	2回戦	-
1964年（第46回大会）	熊谷商工（初出場）	ベスト8	-
1965年（第47回大会）	熊谷商工（2年連続2回目）	2回戦	-

年度（大会）	代表校（出場回数）	全国大会結果	県準優勝
1966年（第48回大会）	出場せず	-	-
1967年（第49回大会）	大宮（4年ぶり5回目）	1回戦	-
1968年（第50回大会）	大宮工（初出場）	2回戦	-
1969年（第51回大会）	川越工（初出場）	1回戦	-
1970年（第52回大会）	熊谷商（5年ぶり3回目）	ベスト8	-
1971年（第53回大会）	深谷商（初出場）	1回戦	-
1972年（第54回大会）	出場せず	-	-
1973年（第55回大会）	川越工（4年ぶり2回目）	ベスト4	-
1974年（第56回大会）	上尾（初出場）	2回戦	-
1975年（第57回大会）	上尾（2年連続2回目）	ベスト4	川口工
1976年（第58回大会）	所沢商（初出場）	2回戦（初戦）	上尾
1977年（第59回大会）	川口工（初出場）	2回戦（初戦）	熊谷商
1978年（第60回大会）	所沢商（2年ぶり2回目）	2回戦	立教
1979年（第61回大会）	上尾（4年ぶり3回目）	1回戦	川越工
1980年（第62回大会）	熊谷商（10年ぶり4回目）	1回戦	川口工
1981年（第63回大会）	熊谷商（2年連続5回目）	3回戦	上尾
1982年（第64回大会）	熊谷（31年ぶり3回目）	2回戦	市川口
1983年（第65回大会）	所沢商（5年ぶり3回目）	1回戦	大宮東
1984年（第66回大会）	上尾（5年ぶり4回目）	2回戦	松山
1985年（第67回大会）	立教（初出場）	2回戦	川越工
1986年（第68回大会）	浦和学院（初出場）	ベスト4	大宮工
1987年（第69回大会）	浦和学院（2年連続2回目）	2回戦（初戦）	大宮東
1988年（第70回大会）	浦和市立（初出場）	ベスト4	市川口
1989年（第71回大会）	川越商（初出場）	2回戦（初戦）	大宮南
1990年（第72回大会）	大宮東（初出場）	1回戦	浦和学院
1991年（第73回大会）	春日部共栄（初出場）	1回戦	聖望学園
1992年（第74回大会）	秀明（初出場）	1回戦	伊奈学園総合
1993年（第75回大会）	春日部共栄（2年ぶり2回目）	準優勝	浦和学院
1994年（第76回大会）	浦和学院（7年ぶり3回目）	2回戦	春日部共栄
1995年（第77回大会）	越谷西（初出場）	2回戦	大宮東
1996年（第78回大会）	浦和学院（2年ぶり4回目）	2回戦（初戦）	大宮東
1997年（第79回大会）	春日部共栄（4年ぶり3回目）	3回戦	市川口
1998年（第80回大会）	埼玉栄（初出場）	2回戦	浦和学院
	滑川（初出場）	3回戦	川越商
1999年（第81回大会）	聖望学園（初出場）	2回戦（初戦）	浦和学院
2000年（第82回大会）	浦和学院（4年ぶり5回目）	2回戦	春日部共栄
2001年（第83回大会）	花咲徳栄（初出場）	2回戦	春日部東
2002年（第84回大会）	浦和学院（2年ぶり6回目）	2回戦	坂戸西
2003年（第85回大会）	聖望学園（4年ぶり2回目）	ベスト8	春日部共栄
2004年（第86回大会）	浦和学院（2年ぶり7回目）	2回戦	所沢商
2005年（第87回大会）	春日部共栄（8年ぶり4回目）	1回戦	埼玉栄
2006年（第88回大会）	浦和学院（2年ぶり8回目）	1回戦	鷲宮
2007年（第89回大会）	浦和学院（2年連続9回目）	2回戦（初戦）	本庄一
2008年（第90回大会）	本庄一（初出場）	2回戦	上尾
	浦和学院（3年連続10回目）	1回戦	立教新座
2009年（第91回大会）	聖望学園（6年ぶり3回目）	1回戦	埼玉栄
2010年（第92回大会）	本庄一（2年ぶり2回目）	1回戦	花咲徳栄
2011年（第93回大会）	花咲徳栄（10年ぶり2回目）	1回戦	春日部共栄
2012年（第94回大会）	浦和学院（4年ぶり11回目）	3回戦	聖望学園
2013年（第95回大会）	浦和学院（2年連続12回目）	1回戦	川越東
2014年（第96回大会）	春日部共栄（9年ぶり5回目）	2回戦	市川越
2015年（第97回大会）	花咲徳栄（4年ぶり3回目）	ベスト8	白岡
2016年（第98回大会）	花咲徳栄（2年連続4回目）	3回戦	聖望学園

※1921～25年は関東大会、1926～35年は北関東大会、1936～58年は南関東大会、1959～74年は西関東大会の優勝校が全国大会に出場。

埼玉高校野球DATA

春のセンバツ　埼玉県勢出場校一覧

1990年代以降は毎年のようにセンバツ出場校を輩出する埼玉県だが、戦前・戦後は出場から見放された苦しい時期も……。埼玉県勢、“春の戦い”の記録を紐解く。

年度（大会）	代表校（出場回数）	全国大会結果
1924年（第1回大会）	出場せず	-
1925年（第2回大会）	出場せず	-
1926年（第3回大会）	出場せず	-
1927年（第4回大会）	出場せず	-
1928年（第5回大会）	出場せず	-
1929年（第6回大会）	出場せず	-
1930年（第7回大会）	出場せず	-
1931年（第8回大会）	川越中（初出場）	初戦敗退
1932年（第9回大会）	出場せず	-
1933年（第10回大会）	出場せず	-
1934年（第11回大会）	出場せず	-
1935年（第12回大会）	浦和中（初出場）	ベスト8
1936年（第13回大会）	出場せず	-
1937年（第14回大会）	浦和中（2年ぶり2回目）	初戦敗退
1938年（第15回大会）	出場せず	-
1939年（第16回大会）	出場せず	-
1940年（第17回大会）	出場せず	-
1941年（第18回大会）	出場せず	-
1947年（第19回大会）	出場せず	-
1948年（第20回大会）	出場せず	-
1949年（第21回大会）	出場せず	-
1950年（第22回大会）	出場せず	-
1951年（第23回大会）	出場せず	-
1952年（第24回大会）	出場せず	-
1953年（第25回大会）	出場せず	-
1954年（第26回大会）	出場せず	-
1955年（第27回大会）	出場せず	-
1956年（第28回大会）	出場せず	-
1957年（第29回大会）	出場せず	-
1958年（第30回大会）	出場せず	-
1959年（第31回大会）	出場せず	-
1960年（第32回大会）	大宮（初出場）	ベスト16
1961年（第33回大会）	出場せず	-
1962年（第34回大会）	出場せず	-
1963年（第35回大会）	上尾（初出場）	ベスト16
1964年（第36回大会）	出場せず	-
1965年（第37回大会）	出場せず	-
1966年（第38回大会）	大宮（6年ぶり2回目）	ベスト16
1967年（第39回大会）	出場せず	-
1968年（第40回大会）	大宮工（初出場）	優勝
1969年（第41回大会）	出場せず	-
1970年（第42回大会）	出場せず	-
1971年（第43回大会）	深谷商（初出場）	ベスト8
1972年（第44回大会）	出場せず	-
1973年（第45回大会）	出場せず	-
1974年（第46回大会）	出場せず	-
1975年（第47回大会）	出場せず	-

年度（大会）	代表校（出場回数）	全国大会結果
1976年（第48回大会）	出場せず	-
1977年（第49回大会）	出場せず	-
1978年（第50回大会）	出場せず	-
1979年（第51回大会）	出場せず	-
1980年（第52回大会）	上尾（17年ぶり2回目）	ベスト16
1981年（第53回大会）	出場せず	-
1982年（第54回大会）	上尾（2年ぶり3回目）	初戦敗退
1983年（第55回大会）	出場せず	-
1984年（第56回大会）	出場せず	-
1985年（第57回大会）	熊谷商（初出場）	初戦敗退
	秀明（初出場）	初戦敗退
1986年（第58回大会）	出場せず	-
1987年（第59回大会）	出場せず	-
1988年（第60回大会）	西武台（初出場）	ベスト16
1989年（第61回大会）	出場せず	-
1990年（第62回大会）	伊奈学園総合（初出場）	初戦敗退
1991年（第63回大会）	春日部共栄（初出場）	ベスト16
1992年（第64回大会）	浦和学院（初出場）	ベスト4
1993年（第65回大会）	大宮東（初出場）	準優勝
1994年（第66回大会）	出場せず	-
1995年（第67回大会）	鷲宮（初出場）	初戦敗退
1996年（第68回大会）	浦和学院（4年ぶり2回目）	ベスト16
1997年（第69回大会）	春日部共栄（6年ぶり2回目）	ベスト8
1998年（第70回大会）	浦和学院（2年ぶり3回目）	ベスト8
1999年（第71回大会）	出場せず	-
2000年（第72回大会）	埼玉栄（初出場）	初戦敗退
2001年（第73回大会）	出場せず	-
2002年（第74回大会）	浦和学院（4年ぶり4回目）	ベスト8
2003年（第75回大会）	浦和学院（2年連続5回目）	ベスト16
	花咲徳栄（初出場）	ベスト8
2004年（第76回大会）	出場せず	-
2005年（第77回大会）	浦和学院（2年ぶり6回目）	初戦敗退
2006年（第78回大会）	出場せず	-
2007年（第79回大会）	出場せず	-
2008年（第80回大会）	聖望学園（初出場）	準優勝
2009年（第81回大会）	出場せず	-
2010年（第82回大会）	花咲徳栄（7年ぶり2回目）	ベスト16
2011年（第83回大会）	浦和学院（6年ぶり7回目）	初戦敗退
2012年（第84回大会）	浦和学院（2年連続8回目）	ベスト8
2013年（第85回大会）	花咲徳栄（3年ぶり3回目）	初戦敗退
	浦和学院（3年連続9回目）	優勝
2014年（第86回大会）	出場せず	-
2015年（第87回大会）	浦和学院（2年ぶり10回目）	ベスト4
2016年（第88回大会）	花咲徳栄（3年ぶり4回目）	初戦敗退

埼玉高校野球DATA

埼玉県大会の主な記録

春、夏、秋の県大会で記録された「大会記録」を紹介。完全試合、無安打無得点試合達成者から最多本塁打記録保持者まで。埼玉高校野球史を彩った球児たちの記録——。

記録	選手名	校名	記録	対戦校名	年度
完全試合	荻原隆	熊谷	8-0	川口	1948年夏
	福島則男	深谷商	6-0	寄居	1979年秋
	金子博之	妻沼	1-0	寄居	1983年春
	岡崎淳二	川越商	6-0	川本	1989年夏
	岡崎淳二	川越商	6-0	行田	1990年夏
	小島和哉	浦和学院	6-0	埼玉平成	2013年夏
無安打無得点試合	吉田富保	川越	2-0	大宮工	1959年夏
	藤野邦夫	川越工	2-0	熊谷商	1961年秋
	大木和夫	与野	5-0	春日部	1964年春
	川添錦司	川越工	5-0	春日部工	1965年春
	金子勝美	大宮	2-0	深谷商	1966年秋
	小島秀雄	不動岡	6-0	春日部工	1967年秋
	門平喜良	熊谷商	4-0	豊岡	1967年秋
	新井宏	狭山工	2-0	大宮北	1968年夏
	新井良夫	大宮	1-0	飯能	1968年夏
	八木勝彦	大宮	2-0	飯能	1970年夏
	戸口守	川越工	6-0	羽生実	1970年夏
	竹内宏明	深谷商	1-0	岩槻	1970年夏
	矢部由夫	大宮北	2-0	上尾	1971年春
	塚越浩二	狭山工	3-0	飯能	1971年夏
	小鷹卓也	飯能	6-0	蕨	1972年夏
	小鷹卓也	飯能	3-0	所沢商	1973年春
	浅沼一郎	川口工	3-0	秩父農工	1977年秋
	染谷直美	川越工	3-0	松山	1979年夏
	日野伸一	上尾	7-0	越谷西	1981年春
	門馬俊幸	埼玉栄	5-0	浦和学院	1981年夏
	石坂直彦	川越商	1-0	朝霞	1981年夏
	日野伸一	上尾	2-0	春日部工	1981年夏
	力山啓	鴻巣	5-0	埼工大深谷	1982年春
	越智勉	川越工	3-0	熊谷工	1983年夏
	木村裕志	城西大川越	5-0	県越生	1985年秋
	岩崎通治	鶴ヶ島	3-0	狭山経済	1986年秋
	星幸一	春日部工	2-0	所沢北	1988年春
	岡崎淳二	川越商	1-0	鶴ヶ島	1989年秋
	近藤貴雄	獨協埼玉	5-0	吉川	1990年春
	斉藤光博	坂戸	6-0	西武文理	1990年秋
	高浦健一郎	聖望学園	4-0	鴻巣	1990年秋
	皆川雅人	幸手	4-0	羽生実	1991年秋
	高村泰晴	浦和実	7-0	草加南	1992年夏
	伊藤広滋	東農大三	13-0	所沢西	1992年秋
	土肥義弘	春日部共栄	4-0	花咲徳栄	1993年夏
	笹本康平	浦和	1-0	鴻巣	1997年夏
	鯨井宣孝	東農大三	1-0	滑川	2001年春
	近藤秀文	武南	5-0	蕨	2002年夏
	増渕竜義	鷲宮	6-0	市立浦和	2006年夏
	窪田飛翔	新座総合	2-0	志木	2007年夏
	本間大暉	埼玉栄	5-0	浦和東	2012年夏
	田川侑弥	熊谷工業	1-0	桶川	2013年春
	橋本龍之介	春日部	6-0	妻沼	2013年夏
	関口明大	花咲徳栄	5-0	大宮西	2013年夏
	村岡稜	不動岡	3-0	越谷総合	2014年夏
	田頭大希	朝　霞	1-0	富士見	2014年夏
1試合最多奪三振	長谷川一夫	大宮工	21奪三振	秩父	1962年夏
1試合連続最多奪三振	中里篤史	春日部共栄	15連続	北川辺	1999年秋
1大会個人最多本塁打	半波和仁	浦和学院	6本	5試合	1986年春
	有馬直人	大宮南		5試合	1987年夏
	山口幸司	大宮東		6試合	1987年秋
1試合個人最多本塁打	鈴木健	浦和学院	3本	吹上	1986年夏
	永島利之	大宮東		西武台	1987年秋
	平尾博司	大宮東		川越工	1992年夏
	大友健児	豊岡		毛呂山	2003年秋
	小寺貴幸	聖望学園		所沢北	2005年夏
1試合個人最多盗塁	本多辰幸	和光	7盗塁	川本	2004年夏
	吉井一馬	開智	（開智）	入間	2008年夏

中里 浩章（なかさと・ひろあき）

スポーツライター。一九八二年十二月二十四日生まれ。埼玉県春日部市出身。早稲田大学本庄高等学院、早稲田大学と野球部でプレーし、卒業後に出版社のアルバイトを経てフリーランスライターに。現在、ベースボール・マガジン社など野球専門誌を中心に精力的に取材活動を続けている。

装　幀　山内宏一郎（サイワイデザイン）
DTPオペレーション　株式会社ライブ
編集協力　花田 雪、小川 誠志、保谷恵邦、川本豊
編　集　滝川 昂（株式会社カンゼン）
取材協力　埼玉西武ライオンズ

高校野球　埼玉を戦う監督《おとこ》たち

発行日　二〇一七年三月二十五日　初版

著　者　中里 浩章
発行人　坪井 義哉
発行所　株式会社カンゼン
〒一〇一-〇〇二一　東京都千代田区外神田二-七-一　開花ビル
電話　〇三（五二九五）七七二三　ファックス　〇三（五二九五）七七二五
http://www.kanzen.jp/　郵便為替　〇〇一五〇-七-一三〇三三九

印刷・製本　株式会社シナノ

ISBN 978-4-86255-393-5　Printed in Japan
定価はカバーに表示してあります。

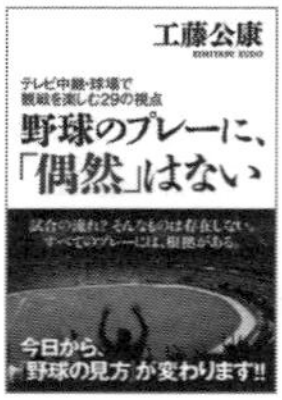

野球のプレーに、「偶然」はない
- テレビ中継・球場での観戦を楽しむ 29 の視点 -

著：工藤公康
定価：1,500 円＋税

試合の流れ？ そんなものは存在しない。すべてのプレーには、必ず根拠がある !!

プロの野球解説者は、野球の“ここ”を見る！ これまでの常識を覆す、野球の観戦術・見方を徹底指南 !! 今日から、皆さんの『野球の見方』が変わります !!

ピッチャー視点で“観戦力" を高める
工藤公康のピッチングノート

著：工藤公康
定価：1,500 円＋税

工藤公康流観戦術第２弾！ 今回はピッチャー視点で、とことん工藤式のミカタを紹介します。視点を少し変えると、野球に対する考えもガラリと変わります。

少年野球で、子どもをグングン伸ばす 47 の教え

著：桜井一
定価：1,600 円＋税

お父さん、間違った指導が、野球少年の未来をつぶします。教え方、子どもとの接し方を見直してください！既存の指導法に NO! 体罰問題など、教育・スポーツの指導現場が揺れる今、インターネットから少年野球界に革命を起こす！ 全国の迷えるお父さんから圧倒的支持を受けた、人気 WEB サイト『お父さんのための野球教室』の Q&A を一冊に凝縮。

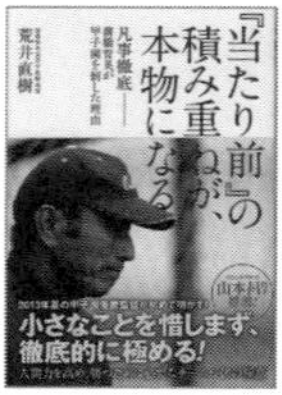

『当たり前』の積み重ねが、本物になる
凡事徹底――前橋育英が甲子園を制した理由

著：荒井直樹（前橋育英高校）
定価：1,600 円＋税

甲子園を制するチームはどのようにしてつくられたのか？ シンプルでブレない荒井流の選手の育て方を大公開！ 元中日ドラゴンズ・山本昌投手推薦の１冊！

うちの夫はメジャーリーガー
青木宣親の妻が見たメジャーリーグの舞台裏

著：青木佐知
定価：1,400 円＋税

メジャーリーガー青木宣親選手の妻であり、元テレビ東京女子アナウンサー・青木佐知さんによる出産育児エッセイ。選手と共に戦う妻として、家族の姿を語ります。